Peter Krause
Das Ganze im Sinn

AF220249

Peter Krause

Das Ganze im Sinn

Vademecum zum

Sieben-Generationen-Gewahrsein

Bibliografische Information der Deutschen
Nationalbibliothek:
Die Deutsche Nationalbibliothek verzeichnet diese
Publikation in der Deutschen Nationalbibliografie; detaillierte
bibliografische Daten sind im Internet über
http://dnb.dnb.de abrufbar.

Herstellung und Verlag: BoD – Books on Demand,
Norderstedt

ISBN: 9783756842254

»Werde dir vor jeder wichtigen Entscheidung sieben Generationen bewusst.«

(Weisheit der Haudenosaunee)

»Eine Struktur hat eine bewusstseinsreduzierende Funktion: Wir tun Dinge deshalb, ‚weil es jeder tut' und diese ‚haben das immer so gemacht'. Mit anderen Worten, es geht um ein Verhalten und nicht um ein Handeln, präziser, um Quasi-Akte, die in ein reflexives Verhalten übergehen, das als ein Respons immer dann eintritt, wenn die strukturellen Stimuli vorhanden sind. Durch Bewusstmachung lässt sich der Prozess umkehren, wodurch aus dem Verhalten eine völlig bewusste Handlung wird. Im Umweltbereich findet genau diese Art von Bewusstseinsprozess derzeit statt.«

(Johan Galtung, in: *Menschenrechte anders gesehen*, 1994)

Inhalt

Vorwort

Die Welt ist wunderschön, und das bleibt sie auch, jedenfalls solange wir Menschen uns in ihr adäquat verhalten. Insofern bietet die Lage, in der sich die Erde gegenwärtig befindet, genügend Anlass zum Nachdenken, denn offensichtlich leben und handeln wir Menschen nicht so vernünftig wie wir es eigentlich könnten und müssten. Ein nachhaltiges, ökologisch sinnvolles und darum mitweltliches Leben lässt sich aber nur führen, wenn wir unsere Einstellung verändern, mit der wir der Natur und unseren Mitwesen begegnen.

Bemühen wir uns also um die Erneuerung eines holistischen Welterlebens, wie es in früheren Kulturen noch ganz selbstverständlich war. Jene Erkenntnis, dass Welt und Mensch eins sind, muss in intakten indigenen Kulturen nicht erst erworben werden. Menschliches Handeln ist dort in einem Lebensgefühl verankert, dass wir gegenwärtig erst wieder entdecken und kultivieren müssen. Dafür werden in diesem Buch einige Anregungen gegeben.

Den Ausgangspunkt meiner Überlegungen bildet ein Leitmotiv, das in schlichter Form dazu aufruft, sich vor jeder wichtigen Entscheidung sieben Generationen bewusst zu werden. Der Ursprung dieses »Sieben-Generationen-Gewahrseins«, das für einen Zeitraum von mehr als tausend Jahren nachweisbar ist, findet sich in der Kultur der Haudenosaunee, einem indigenen Volk in Nordamerika, von dem wir in der Tat sehr viel lernen können.

Als gebürtiger Europäer kann ich das indigene Verständnis von Welt und Leben natürlich nur „von außen" betrachten. Außerdem halte ich überhaupt nichts davon, die indigene Kultur und Lebensart in irgendwelchen noch so gut gemeinten Formen kopieren zu wollen. Das wäre für mein Verständnis nicht viel mehr als schwache Folklore.

Aber ich bin zugleich sehr davon überzeugt, dass alle Menschen von den alten, indigenen Weisheiten lernen können. Auch wir Europäer. Die Schwierigkeit besteht allerdings darin, dass wir dafür etwas uns zunächst Unbekanntes mit unserer Kultur zu verschmelzen haben. Das gelingt, wenn wir die dafür geeigneten Schnittstellen finden, wozu dieses Büchlein praktische Anregungen geben will.

Peter Krause

Ein erster Überblick:
Im Sinne des Ganzen handeln

Ein jedes Leben beeinflusst bereits durch die Tatsache und Dauer seiner Existenz die Welt. Das ist schon deshalb so, weil jeder Leib aus irdischen Substanzen besteht und solange er lebt mit Stoffen und Kräften versorgt werden muss, die zu seiner Erhaltung beitragen. So treffen allgemeine Lebensprozesse und persönliche Lebensweisen aufeinander. Der Mensch handelt darin seinen Fähigkeiten entsprechend mehr oder weniger frei und bewusst, weshalb ihm die besondere Verantwortung obliegt, aus eigener Einsicht und Entscheidung jenen Zusammenhang und Einklang mit der Welt zu suchen, der für alle anderen Lebewesen selbstverständlich ist. Seiner Natur entspricht es, dass er insofern in einem offenen Bereich existiert, den es nur für ihn so gibt: *Er kann im Sinne des Ganzen handeln, muss es aber nicht!* Im »Sieben-Generationen-Gewahrsein« geht es darum, das Bewusstsein des Menschen für diese seine besondere Verantwortung zu wecken und zu verstärken.

Die Entscheidung

Im Laufe eines Tages wird von jedem Menschen unfassbar vieles getan. Und erst in einer Woche, einem Monat, einem Jahr, oder gar dem ganzen Leben – das alles ist in Gänze kaum vorstellbar. Wenn wir uns aber, sozusagen stellvertretend für alle anderen, zunächst an nur eine einzige Tat erinnern und über sie eine Weile nachdenken, erhöhen wir die Chance bei genauerem Hinsehen eine Besonderheit zu bemerken, die ansonsten kaum bedacht wird, dass nämlich jeder Tat eine Veranlassung und Entscheidung zugrunde liegt. Klingt banal, ist es aber keineswegs!

Unsere Verbindung mit der Welt und dem Leben beruht zu einem großen Teil auf biologischen Voraussetzungen, denen gegenüber wir nicht wirklich frei sind. Wir müssen essen und trinken, folglich werden wir stets für unsere Ernährung zu sorgen haben. Aufgrund der klimatischen Verhältnisse und der Beschaffenheit unseres Leibes sind wir überdies auf Bekleidung angewiesen, die in unserer arbeitsteilig organisierten Welt in der Regel von anderen Menschen hergestellt und erworben wurde. Da das für den weit überwiegenden Teil der anderen Konsumgüter auch gilt, sind wir auf eine Erwerbsarbeit angewiesen, anderenfalls werden wir nicht über das für unseren Konsum nötige Geld verfügen. Die Liste ließe sich problemlos erweitern und verlängern. Aber schon jetzt dürfte klar sein, dass wir die allermeisten unserer Taten nicht aus gänzlich freiem Willen vollziehen, sondern weil wir es müssen. Folglich denken wir auch nicht besonders lange darüber nach. Warum auch? Schließlich können wir an der Notwendigkeit von Ernährung, Bekleidung, Erwerbsarbeit usw. nichts ändern. Infolge verwenden wir den allergrößten Teil unserer Lebenszeit in vorgegebenen Strukturen. So ist es um das alltägliche Leben bestellt.

Angesichts der Fülle all unserer Taten können wir aber einen qualitativen Unterschied erkennen, der weniges aus der großen Anzahl heraushebt. Wenn es auch so ist, dass wir die meisten unserer Taten vollbringen ohne darüber lange nachgedacht zu haben, gibt es dennoch ein paar, bei denen das nicht so ist. Das sind dann die nicht alltäglichen, wirklich wichtigen Taten. In deren Zusammenhang machen wir uns sehr wohl Gedanken, erwägen die Folgen und entscheiden bewusst.

Im Sinne von Johan Galtung können wir in diesem Sinne erkennen, wie Verhalten und Handeln sich voreinander unterscheiden. Ersteres ergibt sich im Alltag gleichsam wie von selbst, letzteres beruht auf einer bewusst getroffenen Entscheidung. Man könnte auch sagen, dass Strukturen und Systeme fortwährend zum Verhalten drängen, während man im Unterschied dazu alle Handlungen selbst so gewollt hat und aufgrund eigener, freier Entscheidung vollzieht. In diesem Sinne wird verständlich, dass Strukturen Bewusstsein reduzieren. Wenn wir etwas tun, weil es von uns innerhalb entsprechend wirksamer Strukturen verlangt wird, dämpft das unser Bewusstsein. Wir handeln dann nicht wirklich frei, sondern weil es von uns erwartet oder gar verlangt wird. Galtung hebt diese Tatsache besonders hervor. Schauen wir uns das etwas genauer an.

Jede Handlung ist ein Prozess, der mit einer Entscheidung beginnt, die vom betreffenden Menschen selbst bewusst getroffen wurde. Damit wurde der erste Schritt – und zwar auf rein geistigem Feld – getan. Wie eine Entscheidung getroffen wird, charakterisiert einen Menschen auf sehr elementare Art und Weise. Die einen treffen Entscheidungen sehr leicht und schnell, andere lassen sich mehr Zeit und zögern zunächst, wieder andere geraten möglicherweise in spürbare Nervosität oder gar Erstarrung. Mitunter ist das Ganze auch noch von Stimmungen abhängig, insofern sich von Freude erfüllt leichter entscheiden lässt als von Sorgen geplagt.

In Bereichen des Lebens, in denen es zugleich auf rasche und gute Entscheidungen ankommt, bemüht man sich auf verschiedene Weise, Entscheidungsträger:innen entsprechend zu trainieren. In der Schiff- und Luftfahrt, der Chirurgie oder dem Management beispielsweise können Entscheidungen direkt gravierende Folgen für andere Beteiligte haben. Darum ist es für Menschen in solch herausragenden Verantwortungsbereichen von größter Bedeutung, das Treffen von Entscheidungen immer wieder zu üben, um im Fall der Fälle über die notwendige Besonnenheit verfügen zu können. Der Einfluss seelischer Untertöne und äußerer Ablenkungen soll weitgehend ausgeschlossen sein.

Was in bestimmten Bereichen des Lebens für die Übernahme von Verantwortung besonders qualifiziert, kann durchaus ein allgemein erstrebenswertes Ideal sein. Schließlich wäre viel gewonnen, wenn möglichst viele Menschen besonnen und wach bewusst entscheiden, nicht nur Führungskräfte! Wir sind heutzutage mehr denn je darauf angewiesen, denn das Handeln eines jeden Einzelnen hat in unserer vernetzten, hochtechnisierten Welt mehr als in früheren Zeiten zuweilen sehr weit reichende Folgen. Was also kann von jedem Menschen getan werden, um die Qualität der Entscheidungen zu steigern?

Das Sieben-Generationen-Gewahrsein

Dass Führungskräfte für das Treffen von Entscheidungen trainiert werden, ist angesichts der heutzutage alltäglichen Bedingungen und Verhältnisse konsequent und absolut verständlich. Es ist aber keineswegs neu. Bereits für das 12. Jahrhundert lässt sich nachweisen, dass man sich in den indigenen Kulturen Nordamerikas darum bemühte.

Damals lebte im Volk der Haudenosaunee (von den europäischen Einwanderern „Irokesen" genannt) ein Mann namens Deganawidah. Um sein Leben ranken sich Legenden, die zeigen, wie sehr er als herausragende, spirituelle und soziale Führungspersönlichkeit verehrt wurde. Sein Verdienst ist es, dass er für die Bildung einer Konföderation aus fünf, später sechs verschiedenen Stämmen der Haudenosaunee eine Verfassung entwarf, die der Zusammenarbeit einer Versammlung, dem „Rat der Konföderierten", zugrunde gelegt wurde. In dieser ältesten demokratischen Einrichtung Nordamerikas, die übrigens in ihrer Art auch weltweit erstmalig war, werden bis auf den heutigen Tag die Anliegen der konföderierten Stämme gemeinsam verhandelt und entschieden. In besagter Ver-fassung, dem „Gesetz des großen Friedens", sind in 117 Artikeln die Grundlagen dafür beschrieben – und vor allem auch, über welche Fähigkeiten die in den Rat entsandten Vertreter verfügen sollen.

Zentral ist darin, dass die Entsandten von einer „sieben Spannen dicken Haut" umgeben sein sollen. Diese Metapher ist sehr wahrscheinlich viel älter als die Verfassung und beruht auf der wirklich genialen Lebensregel, dass ein Mensch sich vor einer jeden wichtigen Entscheidung sieben Generationen bewusst sein möge.

Vor vielen Jahren besuchte ich den Vortrag eines damals sehr bekannten Kulturjournalisten, der darin die »Zauberflöte«, jene von Wolfgang Amadeus Mozart zu einem Libretto von Emanuel Schikaneder komponierte Oper, als wahrhaft geniales Kunstwerk bezeichnete. Er begründete das damit, dass dieses Werk gleichviel das kleine, unbedarfte Kind und den musikalisch geschulten Menschen zu begeistern vermag. Für das Sieben-Generationen-Gewahrsein, so nenne ich diese überlieferte Lebensweisheit der Haudenosaunee, gilt das gleiche: sie ist in ihrer Schlichtheit zugleich von unendlicher Tiefe, und darum tatsächlich im besten Sinne des Wortes genial! Auf den folgenden Seiten wird es darum gehen, dass wir uns diese Bedeutung Stück für Stück erschließen und auf das heutige, alltägliche Leben übertragen.

Besondere Fähigkeiten entwickeln

Kommen wir nun auf den Prozess der Entscheidung zurück, von dem bereits die Rede war. Wir sahen, dass Entscheidungen, insofern sie bewusst getroffen werden, ihren Ursprung in einem geistigen Gebiet haben. Es ist die Welt des Bewusstseins. Die Haudenosaunee bezeichneten diese Welt, die nicht die materielle ist, selbige aber Leben spendend durchdringt, als „Orenda". Nach ihrem Verständnis kann sich der Mensch als beseeltes Wesen bewusst mit der Orenda verbinden und dadurch einen geistigen Reichtum aufbauen, der von ihm aus auf andere Menschen, Wesen und die Welt wirkt. Die Kraft der Kunst oder einer Medizin beruhen ebenso darauf wie Führungsstärke und -qualitäten im sozialen Miteinander.

In der alten indigenen Kultur hatten die Welt und das Leben niemals nur eine materielle Außenseite. Alles Sichtbare verstand man zugleich als von Geist durchzogen und erfüllt. In diesem Sinne erlebten die Menschen sich per se mit allem verbunden. Wir werden später sehen, wie wir uns diesem Lebensgefühl wieder annähern können, und welche Folgen das hat. Aber auf zweierlei soll bereits jetzt schon hingewiesen werden.

Zum einen ist es für das Sieben-Generationen-Gewahrsein von elementarer Bedeutung, dass man mit ihm das Gewohnte verlässt. Nicht die persönlichen Vorlieben, Neigungen, Gewohnheiten usw. sollen den Ausschlag für eine Entscheidung geben. All das soll zurücktreten. Wieder scheint es banal, ist aber bei genauerem Hinschauen von großer Tiefe: Es kommt darauf an in gewisser Weise von sich abzusehen, um eine gute Entscheidung von großer Tragweite treffen zu können. Was gemeint ist, wird schnell verständlich, wenn wir uns vergegenwärtigen, wie befangen uns Gewohnheiten in unserem Welterleben machen, respektive wie befreiend es zuweilen wirkt, wenn wir die bekannten Zusammenhänge und Alltäglichkeiten verlassen. Die Wirkung des entspannten Freizeitgenusses oder der Effekt einer Urlaubsreise sind gute Beispiele dafür. Unter solchen Voraussetzungen sind wir für neue Erfahrungen deutlich zugänglicher.

Im Sieben-Generationen-Gewahrsein wird diese Entfernung vom Gewohnten zur Methode. Es geht um eine Wahrnehmungsqualität, für die dadurch besondere Voraussetzungen geschaffen werden. Es ist wie im Museum oder in einer Galerie: Indem wir vor einem Kunstwerk zurücktreten, uns räumlich von ihm entfernen, können wir uns ihm innerlich so sehr nahen, dass es von sich selbst zu „sprechen" beginnt. Was dann erfahren wird, ist überpersönlich und neu. Der britische Physiker und Sachbuchautor Francis David Peat bezeichnete das als „Epiphanie". Zum Sinneseindruck einer Erfahrung und dem Bilden einer Vorstellung kommt ein Begriff hinzu, der dem Menschen „ein-fällt" oder „ein-leuchtet". Außenwelt und Innenwelt kommen darin zusammen und ergeben zusammengenommen die Wahrnehmung.

Zum anderen ist es bedeutend, dass sich mit dem Sieben-Generationen-Gewahrsein der Anspruch verbindet, einem objektiv Übergeordneten näher kommen zu können. Was wahrgenommen wird, ist nicht nur subjektiver Teil des Menschen, sondern auch vom objektiven Zusammenhang der Welt. Das gilt nicht etwa nur im Zusammenhang mit Erfahrungen, die wir in der äußeren, gegenständlichen Welt machen, sondern ebenso für solche der inneren Welt. Auch dort können wir vom Gewohnten ein Stück weit zurücktreten, um jenen hilfreichen, zur Epiphanie führenden Prozess einzuleiten.

Stellen wir uns analog zum vorhin erwähnten Ausstellungsobjekt im Museum oder in der Galerie eine Erinnerung vor. Sie ist im Bewusstsein wie das Nachbild im Auge präsent, nur dass sie langsamer, möglicherweise das ganze Leben hindurch oder gar über Generationen hinweg abklingt. Verstehen wir es im Sinne der Haudenosaunee, sind die Erinnerungen der Orenda eingeprägt, also einer Lebenskraft, die sowohl zum Menschen wie zur ganzen nicht-menschlichen Welt gehört.

Zusammengefasst erkennen wir bereits jetzt, dass es um die Entwicklung einer besonderen, nicht einfach gegebenen Fähigkeit geht. Früher zeichneten sich Menschen in Führungspositionen dadurch aus, dass sie diese Entwicklung bis zu einem hohen Grad vollzogen hatten. Darum galten sie als Eingeweihte, als geistige Lehrer und Führer ihres Volkes. Heutzutage geht es darum, dass jeder Mensch eine solche Entwicklung vollzieht, um im Verhältnis zu sich selbst und zur Welt jene Stellung einnehmen zu können, die früher nur wenigen Auserwählten vorbehalten war.

„Verliere dich, um dich zu finden!"

Die Hybris des modernen Menschen, die Welt stets nur nach eigenem Gusto gestalten und beherrschen zu wollen, war nicht immer so ausgeprägt wie heute. Demgegenüber war das Verhältnis der Menschen zur Welt früher vor allem noch dadurch bestimmt, dass man sich von ihr mütterlich versorgt sah. Überhaupt war das Selbstverständnis der Menschen eher in dem verwurzelt, dass man sich als behütet und empfangend erfuhr. Es ist darum auch nicht besonders erstaunlich, dass die früheren indigenen Kulturen matrifokal geprägt waren. Man verehrte die Mutter Erde gleichviel wie die Mütter der Menschen. Alle Formen und Ordnungen des Zusammenlebens der Haudenosaunee leiteten sich davon ab.

Die einst selbstverständliche Grundempfindung für das mütterlich Behütende und Versorgende stellt natürlich einen ganz anderen Boden für das Sieben-Generationen-Gewahrsein dar als das heutige Lebensgefühl. Der Übergang in eine ganzheitlich erlebte Verantwortung für die eigenen Taten war darum früher leichter zu vollziehen. Dennoch ist es von unübersehbar großer Bedeutung, dass wir von neuem lernen, in erster Linie das Gemeinwohl in den Blick zu nehmen, statt bloß auf den eigenen Vorteil bedacht zu sein. Die Voraussetzung dafür ist die Arbeit an der Entwicklung des Bewusstseins. Wir müssen offensichtlich erst wieder empfinden und erkennen lernen was den Menschen früherer Zeiten noch viel leichter zugänglich war. Und weil unsere Kultur eine so gänzlich andere ist, werden wir mehr Kraft dafür aufzuwenden haben als die Haudenosaunee mit ihrem selbstverständlich holistischen Welt- und Menschenbild.

Das Sieben-Generationen-Gewahrsein ist eine Übung zur Entwicklung des Bewusstseins. Wir werden sehen, in welchen Variationen sie vollzogen und angewendet werden kann. Ihrer Natur nach ist sie ein Mittel zur Vertiefung und Verfeinerung seelischen und sozialen Lebens. Genau das ist eine Kontemplation, durch die es möglich ist, sich sinnvoll vom Gewohnten zu entfernen, um dadurch die Qualität der Erkenntnis zu steigern.

Ziel der gemeinten Entwicklung ist etwas, was auf den ersten Blick absurd erscheint: *Die Übung führt zur Fähigkeit, im entscheidenden Moment von sich selbst, von den eigenen Interessen und Bedürfnissen absehen zu können, um umso stärker in einem Ganzen, Überpersönlichen präsent zu sein, wodurch sich die Erfahrung des eigenen Ich auf einer höheren Ebene verstärkt.* Die Qualität der allfällig zu treffenden Entscheidungen nimmt dadurch zu. Dieses „Verliere dich, um dich zu finden!" findet sich in vielen spirituellen Systemen. Es ist für das Sieben-Generationen-Gewahrsein aber nicht in erster Linie als spirituelle Übung gemeint, sondern als leitendes Motiv für eine ganz praktische Lebensführung. Und weil das so ist, ist diese Kontemplation zugleich offen für jedwede spirituelle Erweiterung, die jeder Mensch nach seinen Neigungen vornehmen kann – aber eben nicht muss.

Ich werde im Folgenden den Kern des Sieben-Generationen-Gewahrseins beschreiben und danach Betrachtungen zu Übungen und praktischen Anwendungsfeldern anschließen. Ich beschränke mich in meinen Ausführungen schwerpunktmäßig nur auf die Kontemplation an sich. Auf die anderen Aspekte, die im Blick auf das Gesetz des großen Friedens für uns Heutigen durchaus auch interessant sind, gehe ich in diesem Buch nicht besonders ein.

Vom Ganzen zum Teil:
Weg und Wirkung

Es charakterisiert den Menschen, dass er über seine seelisch-geistigen Kräfte und Fähigkeiten bis zu einem gewissen Grad frei verfügen kann. Diese besondere Möglichkeit, inmitten aller natürlichen Zusammenhänge eine typisch menschliche Welt erschaffen zu können, stellt zugleich eine Herausforderung und Chance dar, denn einerseits verpflichtet es zu besonderer Verantwortung, andererseits bietet es implizit die Gelegenheit zur Entwicklung über das natürlich Gegebene hinaus. So gehört es gleichsam zur Natur des Menschen, dass er sich darum bemüht, diese seine Begabung zu schulen, um die Qualität seines Lebens und seiner Handlungen zu steigern. Dies bezieht sich sowohl auf alle praktischen Bereiche seines Lebens wie auf seine seelisch-geistige Natur. Indem der Mensch an sich selbst zu arbeiten beginnt, verändert er zugleich die Welt. Das wollen wir im Zusammenhang mit dem Sieben-Generationen-Gewahrsein nun unter sieben verschiedenen Gesichtspunkten betrachten.

Die Qualität der Entscheidung

Im vorigen Kapitel sahen wir bereits, das es im Sinne des Sieben-Generationen-Gewahrseins zunächst einmal darauf ankommt, vor einer Entscheidung von sich selbst abzusehen. Der Zusammenhang ist wichtiger als die persönlichen Absichten. Zum Beispiel: Will jemand sich Holz beschaffen, geht es darum, den ganzen Wald in den Blick zu nehmen, nicht nur den einzelnen Baum. Oder: Im Laufe der Schulzeit soll sich der ganze Mensch entwickeln können und nicht bloß gute Abschlussnoten erreichen.

Die Brücke zu solcher Übersicht bildet ein Bewusstsein, das über den Augenblick hinausreicht. Für den Menschen selbst erfasst es die Generationen, die dem eigenen Leben vorausgingen, aber ebenso auch die anderen, folgenden. Sie sind für das existenzielle Ich ein essenzielles Wir. Von den darauf bezogenen Zusammenhängen und Prozessen können wir sehr praktische Vorstellungen entwickeln. Im Sinne der gewählten Beispiele: Auf den Wald bezogen sind es die von den nachwachsenden Bäumen. Mit der dafür nötigen Zeit wird man sinnvoller Weise rechnen, bevor man damit beginnt, einen oder mehrere Bäume zu fällen. Und auch die heranwachsenden Menschen sollen sich mit ihren Begabungen und Neigungen frei entfalten können. Die Nachhaltigkeit in der Forstwirtschaft und eine respektvoll dienende Grundhaltung in der Pädagogik – es sind das ja nur zwei Beispiele – sind dennoch nicht selbstverständlich. Das lehrt die Erfahrung. Aber warum ist es eigentlich so schwer, in diesem Sinne vernünftig zu handeln?

Zunächst einmal geht es darum innezuhalten und nachzudenken. Das für sich genommen ist in den alltäglichen Lebensverhältnissen mitunter ungewöhnlich und schwer. Es sind schließlich viele Systemkräfte, die in eine ganz bestimmte Richtung drängen. Mit Holz lässt sich Geld verdienen, mit einem guten Schulabschluss ein lukrativer Job ergattern. Und dann ist es wieder der Unterschied zwischen Verhalten und Handeln, um den es geht. Sich gegenüber dem Druck des Marktes oder dem Drängen von Vorgesetzten zu behaupten, ist mitunter gar nicht einfach. Bildlich gesprochen geht es darum, mitten im Sturm ruhig oder im Strom stand-haft zu bleiben.

Gelingen kann das vielleicht nicht in jeder Situation und Lebenslage, aber in herausgenommenen, dafür selbst gewählten Augenblicken sehr wohl. Dann ist der Schritt aus dem sprichwörtlichen Getriebe des Alltags getan. Man muss nicht mehr „funktionieren" und kann sich in aller Ruhe das eine oder andere durch die Gedanken ziehen lassen. Wir können an die klassische Urlaubs- oder Freizeiterfahrung denken, um besser verstehen zu können worum es geht. Aber es soll keineswegs nicht bloß der arbeitsrechtlich zugestandene Abschnitt der Entspannung oder der Rest des Tages am Feierabend sein, sondern der selbstgeschaffene Freiraum inmitten des alltäglichen Lebens. Eben kein bloßes Verhalten, sondern ein Bemühen um eine vernünftige Basis für jedwede Handlung.

In der alltäglichen Umtriebigkeit können – allen Gewohnheiten zum Trotz, bestenfalls sogar regelmäßig – exemplarisch immer wieder Momente der Ruhe und Besinnung geschaffen werden, in denen wir wie von außen auf das eigene Leben blicken. Um das zu ermöglichen, wird man sich für einen vielleicht nur kurzen Augenblick aus der sonst vorherrschenden Geschäftigkeit zurückziehen. Das ist im wahrsten Sinne des Wortes „außer-ordentlich". Schließlich ist es wesentlich leichter, mit dem Strom zu schwimmen, als in eine selbst gewählte Richtung, die dem eventuell sogar entgegenläuft. Der Gang der Ereignisse und der Lauf des Lebens wirken zuweilen ja auch als ungemein angenehm tragende Kräfte. Manchmal sind es gravierende Ereignisse, die uns Menschen dennoch zum Innehalten und Nachdenken zwingen. Dann entsteht notgedrungen besagter Freiraum, in dem wir uns vertieft mit unserem Leben befassen.

Wenn ein Mensch im Alltag in dieser Weise innehalten und nachdenken will, wird er für diesen Augenblick zunächst manches loszulassen haben. Bezüglich einer anstehenden Entscheidung kann das hinsichtlich der äußeren Lebensverhältnisse sehr viel und komplex sein. Wenn es dann um das Sieben-Generationen-Gewahrsein geht besteht die eigentliche Herausforderung aber darin, auch noch von den eigenen Vorlieben, Neigungen und Interessen – im Grunde genommen also von sich selbst – abzusehen. Nicht auf das gegenwärtig Persönliche kommt es an, sondern auf das in gewisser Weise zeitlos Überpersönliche. Ein so weit reichendes Loslassen ist keineswegs einfach, es will geübt sein.

Fassen wir zusammen: *Genau das, was uns im Urlaub so viel leichter möglich ist, oder uns in den schweren, herausfordernden Stunden vom Schicksal abverlangt wird, können wir aus freien Stücken hin und wieder selbst genauso gut wollen und vollbringen: Innehalten und Nachdenken. Wir werden geistig aktiv, bevor wir etwas entscheiden, indem wir uns Augenblicke der Ruhe schaffen.*

Die Geste: *Vordergründiges wird losgelassen, um einem Hintergründigen Raum zu geben. Damit ist der erste Schritt getan.*

Das bewusste Wahrnehmen

Gute Entscheidungen beruhen immer auf vorher gemachten guten Wahrnehmungen. Der Geigenbauer weiß viel vom Wald, von den Bäumen und ihrem Wuchs, er riecht das zu verarbeitende Holz, lauscht auf seinen Klang. Vor diesem Hintergrund entsteht schließlich ein gutes Instrument. Ebenso beruht eine gute Pädagogik auf einer gründlichen Kenntnis des Menschen, seiner Anatomie, Physiologie und der Psychologie. Vor allem wird man darum bemüht sein, jedes einzelne Kind gründlich wahrzunehmen. Darauf gründet die pädagogische Intuition.

Die bewusste Wahrnehmung ist aber nicht nur in speziellen Arbeitsbereichen die wichtigste Grundlage guter Entscheidungen, sondern in jeder Lebenssituation. Es spricht sogar einiges dafür, dass diejenigen Menschen, die in ihrem Beruf um die Ausbildung feiner Wahrnehmungsfähigkeiten bemüht sind, auch in anderen Bereichen empfindsamer sind. Das beste Beispiel dafür sind Künstler:innen, die auch außerhalb ihres Metiers Dinge und Eigenschaften bemerken, die den meisten Menschen weitgehend verborgen sind. Aus dieser Fähigkeit heraus entwickeln sie ihre Kunst. Als Jugendlicher nahm ich am Kurs eines Malers teil, der uns irgendwann lakonisch sagte: „Wen nichts beeindruckt, der kann auch nichts ausdrücken!" Wie Sie sehen, habe ich das bis heute nicht vergessen.

Wenn wir jetzt einen gewissen Eindruck von der Bedeutung der Wahrnehmung gewonnen haben, stellt sich allerdings die Frage, was eine Wahrnehmung eigentlich ist? Würden wir zur Beantwortung nur auf das hinweisen, was die Sinne uns auf den ersten Anhieb vermitteln, wäre das zu wenig. Um verstehen zu können um was es geht, müssen wir tiefer schürfen. Eine Wahrnehmung ergibt sich nämlich aus einem Prozess, in dem der Sinneseindruck nur die erste Etappe ist.

Der Geigenbauer wird auf der Suche nach geeignetem Holz möglicherweise eine ganze Zeit lang durch den Wald wandern. Dabei wird er für alle möglichen Eindrücke empfänglich sein. Er erfasst die landschaftlichen Besonderheiten, die Verhältnisse von Licht und Wärme sowie die typischen Baumgestalten. Das – und vieles mehr – vermittelt sinnliche Eindrücke, die sich ihm aufgrund sorgfältiger Beobachtung ergeben. Zu all dem kommen Vorstellungen hinzu, die auf Wissen und Erfahrung beruhen. Im Laufe der Zeit hat der Geigenbauer viele Instrumente hergestellt und dabei erlebt, welches Holz in welcher Beschaffenheit die besten Klangergebnisse ermöglicht. Daran erinnert er sich jetzt. Dieses Zusammenfinden und -fügen von Beobachtungen und Vorstellungen, von äußerer und innerer Welt ergibt die Wahrnehmung.

Irgendwann wird der Geigenbauer anhand der gesammelten Eindrücke und den von ihm damit verbundenen, auf Erfahrung und Wissen gegründeten Vorstellungen eine Entscheidung treffen. Diese Entscheidung lautet dann vielleicht: Dieses Holz ist gut geeignet für den Bau einer Geige!

Fassen wir zusammen: *Die in der Welt gesammelten Sinneseindrücke und die im Innern lebenden Vorstellungen ergeben zusammengenommen die Wahrnehmung, aus der schließlich der Begriff hervorgeht. Wenn wir den gesamten Prozess so verstehen, dürfte klar sein, warum eine geschulte Beobachtungsgabe und das geübte Wahrnehmen gute Entscheidungen ermöglichen.*

Die Geste: *Beobachtung (äußere Welt) und Vorstellung (innere Welt) ergeben zusammen die Wahrnehmung. In ihr erscheint der dazugehörige Begriff.*

Die Entwicklung

Die Haudenosaunee entsenden in den Rat der Konföderierten Menschen, die besondere Fähigkeiten entwickelt haben. Sie werden als „Hoyaneh" bezeichnet, was etwa „Hüter des Friedens" bedeutet. Die Einsetzung in dieses Amt geschieht, indem in einem Ritual das Erreichen der notwendigen geistigen Reife feierlich festgestellt wird. Das ist bemerkenswert, weil damit implizit von einer geistigen Entwicklung ausgegangen wird, die einem jeden Menschen prinzipiell möglich ist. Im Zuge dieser Entwicklung treten einzelne Menschen aus ihren Stammeszusammenhängen immer mehr hervor. Das ist das eine.

Das andere ist, dass es im Sinne der Haudenosaunee darauf ankommt, für eine solche Entwicklung über sich selbst und die eigenen Interessen hinauszuwachsen. Es wird dafür konkret Bezug genommen auf die sieben Generationen, also auf etwas, was der betreffende Mensch selbst nicht ist, ihn aber als Hüllen im Sinne einer „siebenschichtigen Haut" umgibt. Die gewählte Metapher ist von wunderbarer Tiefe, denn sie lässt sich auf die unterschiedlichsten Lebensbereiche anwenden (von den Bäumen des Waldes und den Kindern war bereits die Rede). Das Sieben-Generationen-Gewahrsein ist darum geeignet, das Bewusstsein von Nachhaltigkeit grundsätzlich zu schärfen, weil es die Aufmerksamkeit auf alles Vorangegangene und Folgende lenkt. Der Mensch begreift sich zwischen diesen beiden Seiten der Wirklichkeit als Wesen der Mitte. Es ist an ihm, sich dessen in allen Entscheidungen bewusst zu sein.

Wenn nun von Entwicklung die Rede ist, stellt sich zugleich die Frage, was denn überhaupt „ent-wickelt" wird? Die Antwort könnte ganz einfach lauten: Der Mensch. Frage und Antwort zusammengenommen ermöglichen sogleich einen tieferen und darum lohnenden Blick, denn wir gelangen ganz einfach zu der Erkenntnis, dass der Mensch selbst offensichtlich ein Wesen ist, das sich entwickeln kann. Es ist ihm etwas als Teil seines eigenen Wesens gegeben, das darauf wartet, zur Erscheinung und Wirksamkeit gebracht zu werden.

Um verständlich zu machen, was daran so bemerkenswert ist, können wir uns der Metapher des Samenkorns bedienen. Das ist ein vielleicht sehr kleines Ding und wirkt für sich genommen ziemlich unscheinbar. Wenn es vor uns liegt können wir uns aber vorstellen, wie daraus unter bestimmten Voraussetzungen eine große, schöne Pflanze wird, die in diesem Augenblick physisch noch nicht entfaltet, aber trotzdem bereits irgendwie da ist. Ansonsten könnte aus dem Samenkorn keine Pflanze erwachsen.

Was wir uns beim Anblick eines Samenkorns vorstellen können, wird zur greifbaren Wirklichkeit, nachdem das Korn in guten Boden gesät wurde und die Bedingungen in der Umgebung günstige sind. Nach der Aussaat werden wir uns darauf konzentrieren, dass die Umgebungsverhältnisse für die keimende Saat ideal sind. Um die einzelnen Körner ansich kümmern wir uns nicht, wohl aber um alles andere. Die Pflanze wird sich in geeigneten Verhältnissen von selbst aus dem Samen entwickeln. Und nun noch einmal die vorhin bereits gestellte Frage: Was entwickelt sich? Lesen Sie diese Frage jetzt noch ein-, zweimal, Wort für Wort, ganz langsam.

Übertragen wir das Bild vom Gärtnern auf den Menschen, gewinnen wir eine ganz besondere Sicht auf die potenziell mögliche Art des Umgangs miteinander. Statt nämlich von unseren Mitmenschen direkt etwas zu verlangen oder sie in eine bestimmte Richtung zu lenken, könnten wir Bedingungen des Erlebens und der Einsicht schaffen, unter denen sich der Mensch ebenso „von selbst" entwickelt wie eine Pflanze aus ihrer Saat. So eine Grundhaltung würde nicht nur die Pädagogik verändern, sondern das ganze soziale Miteinander in unserem Leben. Aber es lässt sich auch auf den Umgang anwenden, den wir mit uns selbst pflegen: Manches entwickelt sich von selbst, wenn wir nur für die richtigen Bedingungen sorgen. In dieser Einsicht wurzelt ein uns mögliches Welt- und Selbstvertrauen.

Fassen wir zusammen: *Jeder Mensch kann sich unter den entsprechenden Voraussetzungen entwickeln. Sein Wesen entfaltet sich in seiner Lebenswelt wie das einer Pflanze im Garten. Es kommt darauf an, sich dafür um günstige Bedingungen zu kümmern und sie zu pflegen, alles andere ereignet sich dann bis zu einem gewissen Grad von selbst.*

Die Geste: *Der Mensch ist nicht nur ein spezielles, separiertes Wesen. Er ist zugleich essenziell mit einem Ganzen verbunden, das ihn fortwährend werden lässt.*

Die Orenda

Im Blick auf das Samenkorn und den Menschen haben wir uns damit beschäftigt, dass „Etwas" bereits da, aber noch nicht physisch-gegenständlich ist. Dieses Etwas muss nicht erst als Abstraktion „geschaffen" werden, vielmehr ist es so, dass sich der Mensch das Bewusstsein von diesem Etwas zu erschließen vermag. Darin besteht die Entwicklung, um die es im Sieben-Generationen-Gewahrsein geht.

In der Kultur der Haudenosaunee ist von der Orenda, einer alles durchziehenden, zunächst unsichtbaren Lebenskraft die Rede, aus der sich alles Sichtbare entfaltet. Im Unterschied zu allen anderen Wesen der Natur, durch die Orenda artgemäß mehr oder weniger stark präsent ist, kann der Mensch seinen Anteil daran bewusst verstärken. Heilkräfte, Jagdgeschick oder eben die Überlegenheit der Hoyaneh beruhen darauf. All das ist Ausdruck von tatsächlich so verstandenem geistigem Reichtum.

Um besser ahnen zu können was als Orenda bezeichnet wird, können wir an all das denken, was uns über das Materielle hinaus als Mitwelt umgibt. Da kommt sehr viel in Betracht, obwohl wir uns dessen nicht sehr oft bewusst sind. Meistens beschränken wir uns im Alltäglichen darauf, die Welt gegenständlich zu nehmen. Der Boden ist fest, unseren Besitz können wir messen, zählen und wiegen. Die ganze Welt ist ein anfassbares Gegenüber. Aber eben nicht nur.

Denken Sie an einen geliebten Mitmenschen: Sie werden nicht sagen, dass er nur soundsoviel Kilo Haut, Fleisch und Knochen ist. Er ist viel mehr. Seine ganze Erscheinung vermittelt den Eindruck von einem Wesen, das darin ebenso erscheint wie das Licht an dem in der Luft schwebenden Staub. Das Licht ansich erfüllt den ganzen Raum, wird aber nur dann für unsere Augen sichtbar, wenn es im Auftreffen auf die Staubkörnchen eine Wechselwirkung mit der Materie eingeht.

Der gewählte Vergleich lässt sich noch weiter führen. Sie können zweifellos Momente erinnern, in denen Sie wahrgenommen haben, wie sich der Blick eines Menschen erhellt oder verfinstert. Im übertragenen Sinne können wir diesbezüglich davon sprechen, dass zu einem menschlichen Leib auch das Licht gehört. Auch die Feststellung, dass es einem „warm ums Herz" wird, bezieht sich auf eine Ebene, die ganz real erlebt werden kann. Auch der Glanz einer Idee oder der Klang einer gut gewählten Proportion sprechen in ähnlicher Weise zu uns. Dabei handelt es sich zwar nicht um physikalisch Messbares, dennoch aber um eine besondere Art der Begegnung mit unserer Mitwelt, die ansatzweise ahnen und erleben lässt, was von den Haudenosaunee als Orenda bezeichnet wird.

Es geht zunächst darum, dass wir uns erschließen, dass wir nicht allein in der gegenständlichen Welt, sondern auch in etwas Unsichtbarem leben. Wir sahen bereits, dass dieser Bereich für unsere Aufmerksamkeit besonders dann zugänglich wird, wenn wir uns aus dem Gewohnten entfernen – ob nun aufgrund freier Entscheidung oder nach einem Schicksalsschlag. Darin besteht die entscheidende geistige Leistung, die es uns ermöglicht, die Welt – unsere Mitwelt – mit ganz anderen Augen zu sehen. Dann gewinnen wir einen Eindruck von dem, was, wie Goethe es den Faust sagen lässt, „die Welt im innersten zusammenhält".

Fassen wir zusammen: *Was die Haudenosaunee als Orenda bezeichnen, ist eine Kraft, von der wir eine Ahnung entwickeln können, obwohl sie für unsere physischen Sinne zunächst verborgen ist. Es gibt im alltäglichen Leben manche Anhaltspunkte dafür.*

Die Geste: *Wir können uns nach und nach ein Bewusstsein dafür erschließen, dass wir nicht nur in der sichtbaren, sondern zugleich auch in einer unsichtbaren Welt leben.*

Sieben Generationen

Ebenso wie eine Pflanze in ihrer typischen Gestalt ihr charakteristisches Wesen offenbart, ist jeder Mensch Ausdruck seiner persönlichen Biografie. Im Unterschied zu allen anderen Lebewesen wirken daran aber nicht nur artspezifische Veranlagungen und Kräfte. Beim Menschen kommt hinzu, dass er es vermag, aufgrund eigener Gedanken und Ideen Einfluss auf die Mitwelt und sich selbst zu nehmen. Was dadurch ausgelöst und bewirkt wird, ergänzt für die menschliche Entwicklung die natürlichen Bedingungen und Kräfte. Jede Biografie wird dadurch einzigartig. Sie ist der tatsächliche Ausdruck davon, wie aus der unendlichen Fülle der Möglichkeiten als Unikat das ganz persönliche Lebensbild eines Menschen entstand.

Zugleich ist jede Biografie gelebte Geschichte. Sie ist Teil eines großen Ganzen, in dem individuelle Lebenswege gebahnt und gegangen werden. Der französische Schriftsteller Antoine de Saint-Exupéry sah einmal einer webenden Nomadin zu und erkannte dabei den Zusammenhang verschiedener Lebensläufe: Gemeinsam ergeben sie ein be-

stimmtes Bild, für das jeder einzelne Faden von unverzichtbarer Bedeutung ist.

Tatsächlich leben wir alle in einer von vielen bereiteten und
geprägten Welt. Jeder Mensch existiert nicht nur im eigenen
Leib, sondern auch in den Lebensbedingungen und Leistungen seiner Mitmenschen. Dieser Zusammenhang wird besonders verständlich, wenn wir an die Generationen, die vorangegangenen und die folgenden, denken. Für den einzelnen
Menschen sind sie im übertragenen Sinne wie ein Biotop,
insofern alle Einzelschicksale in das Gemeinsame, Kulturelle
gebettet sind. Für die ganze Menschengemeinschaft können
wir uns das analog zur Biosphäre ebenfalls als eine allen
gemeinsame Umgebung vorstellen. Zum Verständnis des
Sieben-Generationen-Gewahrseins ist es wichtig, dass diese
Umgebung da ist, das Gemeinsame also nicht erst von einzelnen Menschen als bloß theoretische Vorstellung zustande
gebracht wird. Vielmehr ist es umgekehrt, insofern das Gemeinsame für sich besteht und jeder Mensch in diesen
Zusammenhang hineingeboren wird. In seinem Leben bleibt
er damit verbunden, natürlich auch indem seine Lebensart
verändernden Einfluss auf das einst Vorgefundene hat. Die
Biografie eines jeden Menschen erscheint und ereignet sich in
einem umfassenden Kontext, der dadurch selbst verändert
und weiterentwickelt wird. Die Beziehung zueinander ist die
einer Wechselwirkung, einer Korrelation.

Die Haudenosaunee sprechen aber nicht einfach nur von
vorangegangenen und folgenden Generationen, sondern
sogar von einer bestimmten Zahl, nämlich von sieben. Das
können wir uns auf dreierlei Weise vorstellen. Es können von
uns aus gesehen sieben zurückliegende Generationen gemeint sein, und auch die sieben folgenden, zumal im Gesetz
des Großen Friedens ausdrücklich auch von den noch Unge-

borenen die Rede ist. Wir können das noch präzisieren, indem wir besonders an jene uns vorangegangenen Generationen denken, die wir bewusst erlebt haben, was in der Regel die Eltern und Großeltern sind. Im Blick auf die Zukunft werden wir in gleicher Weise die Kinder- und Enkelgeneration bewusst erleben. Für letztere werden wir die Großeltern sein, also die Grenze zur bewusst erlebten Vergangenheit verkörpern. Was jetzt zunächst etwas kompliziert erscheint, wird durch die Metapher der siebenschichtigen Haut anschaulich, denn anatomisch ist unsere Haut in fünf äußere und zwei innere, gefäßführende Schichten aufgeteilt. Den beiden inneren Schichten der Haut entsprechen im Verhältnis zu uns sinngemäß die beiden Generationen der Ungeborenen, die einst die Kinder und Kindeskinder unserer Enkel sein werden.

Fassen wir zusammen: *Der einzelne Mensch kann sich im Kontext der Generationen selbst als Samenkorn in einer Umgebung erleben, die ihn so oder so wachsen lässt. Dann versteht er seine Entwicklung nicht nur aus dem Zentrum seiner eigener Absichten, sondern aus der Peripherie des Ganzen, in dem er lebt. Auf diese Geste der Mitwelt gegenüber kommt es im* Sieben-Generationen-Gewahrsein *an. Die Erfahrung des Umkreises wird wesentlich.*

Die Geste: *Eher wirken lassen, als etwas bewirken wollen. Der Mensch gewinnt ein liebevolles Verhältnis zur Geschichte der sieben Generationen.*

Der Überblick

Weil wir mit den Verhältnissen und Tatsachen unseres ganz persönlichen, alltäglichen Lebens eng verbunden sind, fällt es schwer, das alles hin und wieder in ganz anderem Licht zu sehen. Unsere Präsenz in allen Obliegenheiten ist natürlich äußerst sinnvoll, dennoch ist immer die Gefahr gegeben, dass sich dadurch unser Blick allzu sehr verengt. Ich vermute, dass Sie gut verstehen was ich meine, Sie können vermutlich auch ohne allzu große Mühe Beispiele dafür finden.

Ganz praktisch ist es bekanntermaßen so, dass viele Fehler dadurch zustande kommen, dass etwas im entscheidenden Augenblick nicht bedacht wurde. Da kann jemand in bester Absicht ein Loch in eine Wand bohren, um bald erschrocken festzustellen, dass er nicht daran gedacht hat, dass genau an dieser Stelle ein Wasserrohr verläuft. Oder jemand erzählt einem anderen von einer beeindruckenden Bootstour, womit er das blanke Entsetzen hervorruft, weil sein Gegenüber irgendwann einmal bei einer ähnlichen Gelegenheit fast ertrunken wäre. Solche Beispiele gibt es viele. Ihnen gemeinsam ist, dass im Nachhinein deutlich wurde, was vorab nicht genügend bedacht wurde. Das ist wieder ganz einfach nachzuvollziehen, aber bei genauerer Betrachtung von ausgesprochen tiefer Dimension. Wir erkennen nämlich, dass wir es vermögen, uns vorher ein Bild der Wirklichkeit zu machen, das über das bisher Bekannte hinausreicht. Das ist es, was wir aus begangenen Fehlern vor allem lernen können. Es geht aber noch um etwas weiteres.

Das Bild der Wirklichkeit – unser „Weltbild" – ist sehr abhängig von jenem Standpunkt, von dem aus wir etwas betrachten. Da spielt vieles hinein was uns befangen macht. Und so gut es jeder Mensch kennt, so einleuchtend kann es sein, dass die Lösung vom Gewohnten, der Schritt weg vom eigenen Standpunkt, sehr hilfreich sein kann. So wird ein Überblick möglich, der weitaus mehr zu bieten hat, als die gewohnt persönliche Sichtweise. Zur eindrücklichen Erfahrung kann das hin und wieder werden, wenn es gelingt, Ereignisse des Lebens aus zeitlicher Distanz zu betrachten. Für das Geschehene wird der Zusammenhang mit allem anderen sichtbar und bedeutender als das Ereignis selbst. Dadurch können selbst negative Erfahrungen in einem positiven Licht erscheinen. Ein erschütternder Schicksalsschlag – zum Beispiel eine schwere Erkrankung, ein schwerwiegender Fehler oder eine Trennung – haben möglicherweise eine sinnvolle Wendung im Lebenslauf des betreffenden Menschen bewirkt. So etwas ereignet sich vermutlich in jeder Biografie in der einen oder anderen Art.

Insofern es gelingt, so eine Erfahrung nicht nur aus zeitlicher Distanz zu betrachten, sondern, darüber hinaus, auch noch mit möglichst weitgehendem, überpersönlichem Blick, lässt sich eine Kraft erahnen, die in solchem Geschehen wirkt. Das kann ganz sachlich und analog zur Natur verstanden werden, in der ein Ökosystem stets darauf hinwirkt, alle Einzelereignisse in ein Gemeinsames zu integrieren. Das schließt den Ausgleich von Verlusten und die Korrektur eingetretener Fehlentwicklungen mit ein. Auf die Menschenwelt übertragen ist das offensichtlich nicht anders, und wir Menschen können diesen Vorgang verstehen und in unser bewusstes Handeln integrieren. Im Ergebnis wird es zu einem Vertrauen in die Kräfte des Lebens führen, das uns bei kurzfristiger und allzu persönlicher Betrachtung der Lebensereignisse so nicht zur Verfügung steht.

Es geht um die Entwicklung eines Bewusstseins, das menschliches Erwägen und Handeln in einer höheren, überpersönlichen Dimension erkennt. Das bettet jede Entscheidung in einen Zusammenhang, der Menschliches mitweltlich macht. Was den Menschen in Freud und Leid seelisch betroffen sein lässt, wird gelöst und aus der Enge naheliegender Empfindungen befreit. Es findet sich sodann im Zusammenhang des Lebens, das immer nur leben will.

Fassen wir zusammen: *Es ist möglich, die persönlichen Erfahrungen in größerem Zusammenhang zu sehen. Dadurch wird eine Kraft erlebbar, die Einzelerfahrungen auf ein übergeordnetes Ziel hin orientiert. In diesem Prozess wird mitunter sogar Unvollkommenes ausgeglichen und mit Sinn erfüllt.*

Die Geste: *Erkennen, dass man von den Kräften des Lebens begleitet und getragen ist. Der Mensch gewinnt Vertrauen zur Welt und zu sich selbst.*

In sieben Hüllen

Dass bereits im 12. Jahrhundert für die verschiedenen Stämme eines Volks auf der Grundlage einer ausgefeilten Verfassung ein Organ zur Verwaltung der gemeinsamen Anliegen entstand, ist für sich genommen schon sehr beeindruckend. Bedeutend und vermutlich ebenso weltweit erstmalig ist aber auch, dass die dafür benannten Vertreter eine Entwicklung absolvierten, die auf der noch viel älteren Tradition des Sieben-Generationen-Gewahrseins beruht.

Der Grad eines Hoyaneh ergibt sich aus dem bewusst geführten alltäglichen, menschlichen Leben. Er wird nicht erst durch eine privilegierende Weihe oder Segnung verliehen – wie es im europäischen Kulturkreis besonders seit dem Mittelalter in der alten Tradition der christlichen Kirche oder besonderer esoterischer Gemeinschaften üblich ist –, sondern es wird in einem feierlichen Ritual lediglich anerkannt, was vordem von einem Menschen aus eigener Kraft erreicht wurde. Das ist es, was einen Hoyaneh auszeichnet und ihn innerhalb der Gemeinschaft seiner Mitmenschen besonders qualifiziert.

Für die Haudenosaunee war klar, dass es einem jeden Menschen möglich ist, durch eine selbst gewollte geistige Entwicklung sozusagen über sich selbst hinauszuwachsen. So modern ihr Bild demokratischer Verwaltungsstrukturen, so modern ist auch ihr Bild vom autonomen, sich selbst bestimmenden Menschen. Die Arbeit an der Welt, der sichtbaren und und der unsichtbaren, war für den Menschen zugleich eine Arbeit an sich selbst, und umgekehrt. Das geschah unmittelbar ohne jede geistliche Vermittlung. Man könnte vermuten, dass die Haudenosaunee sich erhalten hatten, was in der geistesgeschichtlichen Entwicklung Europas seit Beginn des Mittelalters verloren ging. Während im einen Teil der Welt immer mehr auf die an das Gehirn gebundene Intellektualität gesetzt wurde, bewahrte man in den indigenen Kulturen die Vorstellung vom menschlichen Bewusstsein, das mit den allgemeinen und überirdischen Kräften des Lebens verbunden ist. Die europäische Kultur entwickelte sich immer mehr im Sinne einer zunehmenden Separation, die indigene blieb in mitweltlicher Verbundenheit verankert.

Vor diesem Hintergrund, der in unbeschädigten indigenen Kulturen bis heute einem selbstverständlichen Lebensgefühl entspricht, ereignet sich die vom Menschen selbst veranlasste Entwicklung des Bewusstseins. Als deren Ergebnis werden im Gesetz des großen Friedens sieben Charaktereigenschaften eines Hoyaneh genannt:

1. Er ist umgeben von einer siebenfachen Haut.

2. Er ist vor Ärger, Beleidigungen und Kritik geschützt.

3. Sein Herz ist voller Frieden und gutem Willen.

4. Seine Gedanken sind dem Wohl der Menschen gewidmet.

5. Er hat Geduld in der Pflicht und Zärtlichkeit in der Festigkeit.

6. Sein Verstand ist ohne Ärger und Wut.

7. Seine Worte und Handlungen sind ruhig überlegt.

Fassen wir zusammen: *Der Mensch kann aus eigener Entscheidung und Kraft eine Entwicklung absolvieren, die das Bewusstsein seiner mitweltlichen Verbundenheit verstärkt. Hoyaneh sehen ihre Mitmenschen auf einem Weg, dessen Ziel sie selbst erreicht haben.*

Die Geste: *Der Mensch wird weise und kann für andere wegweisend sein.*

Ein anderes Verhalten entwickeln

Indem das Sieben-Generationen-Gewahrsein zu Übersicht und Eigenverantwortung verhilft, verbindet sich mit ihm auch eine Herausforderung, die als solche erkannt und bedacht sein will. Das Ziel der Entwicklung besteht nämlich darin, von äußeren Ordnungen und Vorgaben immer unabhängiger zu werden. Das bildet zwar einerseits die Grundlage für ein wirklich gutes Lebensgefühl, andererseits ist es aber weitaus anstrengender, als unbedacht vorgegebenen Regeln einfach zu folgen. An die Stelle der von außen gegebenen Vorgaben und Gewohnheiten wird die eigene Verantwortung gesetzt. Das bedeutet aber natürlich nicht, dass Regeln und Bedingungen ihre Bedeutung verlieren. Vielmehr geht es darum, dass ihr Inhalt aus eigener Einsicht ins Gemeinwohl gefunden bzw. bejaht wird. An die Stelle des Verhaltens tritt das Handeln.

In der Gemeinschaft der Haudenosaunee gilt das Sieben-Generationen-Gewahrsein als grundlegende Weisheit, aus der heraus sich alle Menschen um ein solches selbstbestimmtes Verhältnis zu sich selbst und zur Welt bemühen, was für einzelne zu einem Grad der Entwicklung führt, der sie schließlich zur Übernahme von Verantwortung im Rat der konföderierten Stämme qualifiziert. Wichtig ist, dass die Übung ansich von allgemeiner Bedeutung ist, und dass die Bemühung um eigenverantwortliches Handeln den Ausgangspunkt einer sozialen Ordnung bildet, welche in einem übergeordneten Organ repräsentativ verwaltet wird. Von der Peripherie bis ins Zentrum geht es um die Pflege der gleichen

Kraft, die darin besteht, dass Gemeinwohl stets vor Eigenwohl gehen möge, und dass das von den Menschen aufgrund eigener Bemühungen eingesehen und in allen alltäglichen Belangen so gehandhabt wird.

Dieses hehre Zeil gilt heutzutage mehr denn je nicht nur für wenige Adepten. Angesichts der bedenklichen Folgen der in den vergangenen Jahrhunderten entwickelten Lebensart ist der Druck groß, der zum Umdenken aufruft. Es ist keineswegs nur die Aufgabe für wenige Führungskräfte, ein mitweltliches Verhältnis zu allem und allen zu entwickeln. Vielmehr kann durch das Sieben-Generationen-Gewahrsein von jedem Menschen die Fähigkeit entwickelt werden, aus eigener Einsicht wichtige Entscheidungen treffen zu können – eben so wie es vorher andere für ihn taten. Er wird selbst zur Führungskraft. Mit seinen Überlegungen zum „kategorischen Imperativ" lenkte Immanuel Kant die Aufmerksamkeit auf den gleichen Punkt. Er schrieb Ende des 18. Jahrhunderts: „Handle nur nach derjenigen Maxime, durch die du zugleich wollen kannst, dass sie ein allgemeines Gesetz werde."

Die Qualität der Entscheidung II

Alles beginnt damit, dass die Qualität der eigenen Entscheidungen gesteigert werden kann. Was gemeint ist wird umso verständlicher, wenn es gelingt, zunächst eine gewisse Distanz einzunehmen. Ein guter Wein lässt sich nur bedingt direkt erleben. Es kommt dafür mehr auf seinen Umkreis an: seine Farbe und Transparenz, der Duft und die besonderen Aromen erschließen sich nicht auf Anhieb bei oberflächlicher Wahrnehmung, sondern indem Erwartungen zurückgenommen werden, um Überraschungen Raum zu geben. Zur Geste für diesen ersten Aspekt des Sieben-Generationen-Gewahrsein hieß es vorhin: *Vordergründiges wird losgelassen, um einem Hintergründigen Raum zu geben.*

Eine Weinverkostung ist natürlich kein alltägliches Ereignis, dennoch lässt sich daran gut nachvollziehen, worum es geht, nämlich zunächst einmal von allzu konkreten Erwartungen frei zu werden. Dafür ein weiteres Beispiel: In einer Fabrik zur Herstellung von Pralinen bekam man es vor vielen Jahren mit einer besonderen Herausforderung zu tun. Eine Sorte der Pralinen wurde mit einer halben Walnuss dekoriert. Wenn Sie sich daran erinnern, wie schwierig es ist, die Schale einer Walnuss so zu knacken, dass die Nuss selbst heil bleibt, können Sie sich leicht vorstellen, was das für die Produktion in einer Fabrik bedeutet. Gewöhnlich entsteht viel Abfall, weil viele Nüsse beim Knacken der Schale zerbrechen. So war es auch in besagter Fabrik. Um nach einer Lösung für das Problem zu suchen, wurde eine Gruppe aus Mitarbeitenden verschiedener Fertigungsabteilungen gebildet. Für den Austausch zu möglichen Problemlösungen galt in dieser Gruppe vor allem die Regel, dass keine geäußerte Idee direkt als nicht umsetzbar bezeichnet werden durfte. Die Gruppe tagte eine ganze Weile ohne jeden Erfolg, bis ein gewisser Grad der Verzweiflung erreicht war. Das drückte ein Teilnehmer dann so aus, dass er sagte, dass das Problem nur lösbar sei, wenn man ein kleines Männchen hätte, das die Nuss von innen aufschlägt. Die Teilnehmenden schwiegen eine ganze Weile, bis schließlich einem die entscheidende Idee kam: Ein Bohrer in Form einer Kanüle, durch die Wasser in die Nuss gedrückt wird! So etwas gab es bis dahin noch nicht, und es war die unerwartete Lösung für ein großes Problem.

Als Schüler machte ich beim Bearbeiten der Hausaufgaben zum Mathematikunterricht erstmals die Erfahrung, dass

Loslassen hilfreich sein kann. Ich kam einfach nicht weiter und beschloss, statt mir weiter den Kopf zu zerbrechen, einen kleinen Spaziergang zu machen. Als ich zurückkam ging plötzlich ganz leicht, woran ich mich vorher festgebissen hatte. Im ganzen späteren Leben habe ich so etwas in ähnlichen Situationen immer wieder erlebt.

Zu einem solchen hilfreichen Loslassen kann das Leben mitunter sogar drängen. Was tun, wenn es wirklich brenzlig wird? Wenn etwas eintritt, was man nicht erwartet hat, und für das es folglich noch keine sichere Lösung gibt? In den 1980er Jahren hatte man irgendwann festgestellt, dass der weitaus größte Teil der Flugzeugunglücke durch falsche Entscheidungen der Piloten ausgelöst wurde. Störungen in den Funktionen von Flugzeugen, die in großer Höhe unterwegs sind, sind ausgesprochen gefürchtete Ereignisse. Dann sind schnelle, gute Entscheidungen gefragt. Um das erleichtern zu können, suchte man nach einem Bereich, in dem es immer wieder zu ähnlichen Situationen kommt. Man fand die Chirurgie. Wie entscheiden Ärzte in einer laufenden Operation in dem dafür nur knapp bemessenen Zeitfenster? Die angestellten Studien ließen eine Systematik erkennen, die seitdem von Piloten trainiert und erfolgreich angewendet wird. Die Zahl der Flugunfälle ging tatsächlich signifikant zurück, weil die Piloten in Augenblicken, in denen unerwartete Probleme schnell gelöst werden müssen, das FORD-Prinzip (oder auch FORDEC-Prinzip) anwenden. Jenseits aller Routinen, in Momenten, in denen Entscheidungen gefordert sind, die so noch nie getroffen wurden, gehen sie in vier Schritten vor die mit „Facts", „Options", „Risks" und „Decision" überschieben sind. Ein systematisch erstelltes Bild der Lage führt schließlich zur notwendigen, bisher so noch nie getroffenen Entscheidung. Es ist ähnlich wie in der Pralinenfabrik: Der Mensch handelt in bestimmten Situationen nicht nur aus bisher bekanntem Wissen, es ist zuweilen eher so, dass unter den entsprechenden Bedingungen eine Entscheidung den Menschen findet.

Im Gebiet der Ökologie entwickelt sich in jüngster Zeit eine ähnliche Art des Umgangs mit auftretenden Problemen. Noch vor ein paar Jahrzehnten wurde es eher belächelt, wenn jemand ernsthaft die Frage danach bewegte, was die Natur will und sein Handeln danach ausrichtete. Heutzutage ist das nichts Ungewöhnliches mehr. Ebenso sind in der Pädagogik manch kluge Konzepte entwickelt worden, indem mehr darauf geschaut wurde, was die Kinder und Jugendlichen selbst wollen. Gute Lehrpläne schaffen Freiräume für das Lernen und geben nicht in erster Linie Ziele vor.

Zum Nachdenken und Üben:

1. Die Wirklichkeit ist nicht einfach

In der Philosophie des chinesischen Taoismus ist von den beiden Kräften des Yin und Yang die Rede. Sie stehen für das Weibliche und Männliche, für Finsternis und Licht, für das Warme und Kalte, das Runde und Eckige usw. Europäisch empfunden würde man von Gegensätzen sprechen, die einander ausschließen. Das beruht auf unserer gewohnten Denkart, die Wirklichkeit stets eindeutig und einfach verstehen will. Taoistisch gesehen ist es aber so, dass die beiden Prinzipien nicht konkurrieren, sondern sich stets ergänzen. Es mag sein, dass eines der Prinzipien dominiert, aber damit ist die Wirkung des anderen nicht aufgehoben.

Die Jahrtausende alte Vorstellung vom Yin und Yang kann uns sehr behilflich dabei sein, unseren Wahrnehmungshorizont zu erweitern. Nehmen wir einen ganz einfachen Gegenstand, eine Tasse zum Beispiel. An ihrer Wirklichkeit brauchen wir nicht zu zweifeln, denn wir können sie ja in die Hand nehmen und benutzen. Aber diese Wirklichkeit muss nicht einfach bleiben. Wir können die Tasse nämlich durchaus von zwei Seiten betrachten, indem wir sie als etwas verstehen, was aus einem ursprünglichen Stoff (in diesem Fall der Ton) gemacht wurde. Sie ist Ausdruck von etwas Gegebenen – das bezeichnet man in der Ökonomie als Kapital – und von etwas, was aus diesem Gegebenen gemacht wurde – was ökonomisch als Vermögen bezeichnet wird. Das sind jene zwei Seiten der einen Wirklichkeit, die im Taoismus als Yin und Yang verstanden werden.

Oder denken wir an unser eigenes Leben. Unter der Voraussetzung einer durchschnittlichen Lebenserwartung von 80 Jahren währt es etwa 700.000 Stunden. Das ist das einem jeden Menschen Gegebene, also sein Zeitkapital. Es ist möglich, dass Sie sich jetzt ein ungefähres Bild Ihres bisherigen Lebens machen und dadurch erkennen, wofür Sie das Ihnen zur Verfügung stehende Kapital an Zeit bisher verwendet haben. Das entspricht Ihrem Vermögen, also dem was Sie aus der zur Verfügung stehenden Zeit gemacht haben. Schreibt man das in zwei Spalten nebeneinander, hat man eine sogenannte Bilanz vor sich. Beide Seiten ergeben, wenn man die einzelnen Positionen zusammenrechnet, die gleiche Summe, nämlich 700.000 Stunden.

Schauen wir die Welt unter dieser Voraussetzung an, gewinnen wir einen Eindruck davon, dass zwischen dem Gegebenen und dem daraus Gewordenen immer eine Entscheidung liegt. Ob es nun ein Gebrauchsgegenstand (z.B.

eine Tasse) ist oder die eigene Lebenszeit: Das Ganze umfasst immer zwei Seiten, die durch eine Entscheidung – also die Präsenz eines Bewusstseins – miteinander verbunden sind.

2. Eine gute Entscheidung wird weniger hervorgebracht als gefunden

Man weiß natürlich, dass man aus einem Samen keine Pflanze machen kann. Die Pflanze wird daraus hervorwachsen, wenn die Bedingungen dafür geeignete sind. Gärtnern beruht so gesehen nur darauf, die Bedingungen zu hegen und zu pflegen, die Pflanzen für ihr Wachstum brauchen – und natürlich auch auf der Entscheidung, vorher Saat in jenen Boden auszustreuen, der unser Garten sein soll.

So eindeutig und klar das mit dem Gärtnern ist, so merkwürdig nimmt sich demgegenüber vieles in unserer Lebensart aus. Da kann ein Mensch eine berufliche Karriere planen und dann alles mögliche tun, um seine Ziele auch zu erreichen. Ein anderer Mensch nimmt sich vor, sein Übergewicht abzubauen und probiert darum die eine oder andere Diät. Oder die Pädagogen: Sie wollen, dass die ihnen anvertrauten Kinder kluge und fleißige Menschen werden. Darum bringen sie ihnen in bester Absicht Mathematik, Geografie, Naturwissenschaften usw. bei. Aber wie war das mit dem Samen und der Pflanze?

Der Karrierist, der Übergewichtige und vor allem all die Kinder in den Schulen sind auch so etwas wie Samenkörner. Es ist auch in ihnen etwas, das „Pflanze" werden kann, wenn die entsprechenden Bedingungen dafür geeignete sind. Da stellt sich sogleich die Frage danach, was denn die besten Bedingungen für Entwicklung und Wachstum eines Menschen sind? Ist es im übertragenen Sinne ein eher karger oder fetter Boden, ein feuchtes oder ein trockenes Klima? Das lässt sich beantworten, wenn wir vorher einen Eindruck vom „Wesen" des betreffenden Menschen gewonnen haben. Wenn Sie sich jetzt vorstellen, dass es auch um Sie selbst gehen könnte, dann können Sie ahnen, was mit dem Innehalten und Nachdenken gemeint sein kann. Vermutlich kämen wir dem näher, wenn wir vor allem eins tun: Alles loslassen, was wir vordergründig vielleicht für sehr wichtig halten, was uns aber gerade daran hindert, eine Entscheidung zu treffen, die mehr auf die Wirkung der umgebenden Kräfte vertraut als auf die persönlichen Absichten.

Das bewusste Wahrnehmen II

Es gibt zwei Begriffe, die auf ganz unterschiedliche Weise das gleiche bezeichnen: Umwelt und Mitwelt. Während der erste Begriff nahelegt, dass wir von der Welt umgeben sind, lenkt der zweite Begriff die Aufmerksamkeit darauf, dass wir mit allem und allen verbunden sind. Interessant ist, dass der Umwelt-Begriff, der sich parallel zur Naturwissenschaft entwickelte, seit den 1970er Jahren von ökologisch Engagierten zunehmend hinterfragt und durch den Mitwelt-Begriff ersetzt wird. Darin drückt sich aus, wie sehr unser Verhältnis zur Welt von der Art und Tiefe unseres Bewusstseins abhängig ist. Zum bewussten Wahrnehmen fanden wir als Geste: *Beobachtung (äußere Welt) und Vorstellung (innere Welt) ergeben zusammen die Wahrnehmung. In ihr erscheint der dazugehörige Begriff.*

Eigentlich ist es ein guter Instinkt, der uns dazu führt, auf der Suche nach besonderen Erlebnissen Gewohntes zu verlassen. Wenn jemand wirklich „etwas erleben" will, wird er dafür nicht unbedingt zu Hause bleiben. Jenseits der eigenen vier Wände, abseits des Bekannten, im Urlaub oder auf Reisen beispielsweise, sind Erlebnisse intensiver, vielleicht sogar gänzlich neu. Unsere Sinne werden anders angesprochen, wir entdecken und erleben die Welt viel tiefer.

Offensichtlich ist es so, dass wir einem elementaren Bedürfnis folgen, wenn wir hin und wieder danach streben Bekanntes hinter uns zu lassen. Der sprichwörtliche „Tapetenwechsel" tut gut. Von Künstler:innen, bei denen dieses allgemeine Bedürfnis stark ausgeprägt ist, kennt man eine gewisse Umtriebigkeit. Es hält sie nie lange in einer fest gefügten, klar geregelten Welt. Was in so starker Ausprägung auf ein bürgerliches Gemüt befremdlich wirkt, ist für Kreativschaffende sozusagen von berufsbedingter Notwendigkeit. Aber was ist es, das im Gewohnten erlebt wird, dass man es so sehr meiden will? Die Antwort gab Johan Galtung in dem diesem Buch vorangestellten Zitat: Strukturen reduzieren Bewusstsein.

Beim bloß instinktiven Bedürfnis danach, Strukturen hinter sich zu lassen, um das Bewusstsein erweitern zu können, muss man nicht stehen bleiben. Man kann vielmehr etwas genauer schauen, worauf die Erfahrung des Bewusstseins beruht. Da ist zum einen die Beobachtung, also unsere sinnliche Erfahrung der Welt. Zum anderen sind es unsere Vorstellungen, also Eindrücke, die aus unserer inneren Welt, aus Erinnerungen, Erfahrungen und Wissen hervorgehen. Beides zusammen ergibt die Wahrnehmung, aus der ein passender Begriff hervorgeht. Bewusstsein beruht demnach auf einem Prozess, zu dem wir durch das Leben veranlasst werden, den wir aber auch selbst wollen, gestalten und intensivieren können.

Um das etwas besser verstehen zu können, lassen sich die drei Elemente Beobachtung, Vorstellung und Begriff auch als Staunen, Zweifeln und Begreifen bezeichnen. Dadurch wird der Vorgang ansich zugänglicher. Eine unvoreingenommene Beobachtung erleichtert es die Qualität des Staunens zu entwickeln und zu vertiefen. Ein neuer überwältigender Eindruck kann der Auslöser dafür sein. Ich denke da oft an den Anblick eines klaren Nachthimmels voller Sterne. Das lässt mich immer wieder von neuem staunen. Wenn sich an derlei Eindrücke die inneren Regungen anschließen, wenn wir beginnen nach adäquaten Vorstellungen zu suchen, ist das ein – absolut positiv konnotiertes – Zweifeln, das für den inneren Abgleich mit Erinnerungen, Erfahrungen und Wissen steht. Im Zusammenfinden von Staunen und Zweifeln klärt sich unser Verhältnis zum Erlebten im Sinne einer daraus hervorgehenden Wahrnehmung. Das zunächst Überwältigende oder Fremde wird zugänglich. Jetzt können wir uns mit ihm als in irgendeiner Art verbunden erleben und es tritt als drittes Element das Begreifen hinzu.

Es dürfte klar sein, dass sich dieser Prozess in gewohnter Umgebung mehr und mehr abstumpft. Worüber können wir noch staunen, wenn wir von unserer Umgebung schon alles wissen und kennen? Da ist wenig, was uns noch „herausfordern" kann. Darin liegt ein bedenklicher Effekt, denn es ist ja so, dass Bewusstsein nicht nur auf das Denken und Fühlen beschränkt ist, sondern auch sehr viel mit dem Willen zu tun hat. Johan Galtung unterscheidet darum auch Verhalten und Handlung, wobei letztere für die freie, selbst gewollte Tat steht. Das ist nicht ganz leicht zu verstehen, weil uns, im Unterschied zum Denken und Fühlen, der Wille nicht einfach zugänglich ist. Dafür ein Beispiel:

Ein Zahnarzt erzähle mir mal, dass er seine Patient:innen vor der Behandlung gelegentlich danach fragte, was sie in diesem Augenblick eigentlich wollen. Die nicht sehr erstaunliche Antwort war meistens: „Keine Zahnschmerzen mehr haben!" Daraufhin entgegnete der Arzt, dass er nicht danach gefragt habe, was die Patient:innen *nicht* wollen. Das Erstaunen der Patient:innen kann man sich leicht ausmalen. Ebenso wird man darauf aufmerksam, wie schwierig es ist, überhaupt sagen zu können, was man eigentlich wirklich will. Versuchen Sie es mal. Es ist gar nicht so einfach, aber sehr interessant!

In den 1960er Jahren sorgte der Hirnforscher Benjamin Libet für Aufsehen, denn er hatte experimentell gezeigt, dass der Impuls für eine Handlung in den Hirnströmen gemessen werden kann, noch bevor der ebenfalls anhand der Hirnströme messbare Verstand die Aktivität erfasst. Zwischen dem Impuls und der koordinierten Ausführung einer Handlung liegt eine zeitliche Spanne von bis zu einer Sekunde. Geht einer Handlung demnach also der Wille voraus, noch bevor der Verstand eines Menschen sich dazu entschlossen hat? Welche Folgen hat das für unsere Definition von Bewusstsein, das wir ja gemeinhin überwiegend mit dem Denken und dem Verstand in Verbindung bringen?

Zu unserem Seelenleben gehören Denken, Fühlen und Wollen gleichviel. Aber nur im Denken sind wir wirklich wach, während wir in den Gefühlen eher traumhaft bewusst sind und im Wollen – siehe das Zahnarztbeispiel – eigentlich schlafen. Die Erweiterung des Bewusstseins im Sinne des Sieben-Generationen-Gewahrseins bringt es vor allem mit sich, dass wir im Wollen nach und nach erwachen.

Zum Nachdenken und Üben:

3. Etwas Bekanntes ganz neu erleben und staunen

Es ist beeindruckend, wenn man etwas gut Bekanntes mal ganz neu erlebt. Vielleicht kennen Sie die Erfahrung, dass man am Morgen nach einem besonders tiefen Schlaf erst mal nicht weiß wo genau man sich befindet? Es dauert einen Moment, bis die Orientierung wieder gegeben ist und man die Umgebung als vertraut bemerkt. Eine solche Erfahrung kann zunächst ziemlich verunsichernd sein. So ähnlich haben wir als Kinder die Welt erlebt. Alles war für uns neu und unbekannt, wir mussten es erst kennenlernen.

Als Erwachsene gehen wir davon aus, unsere Welt zu kennen. Worin wir uns bewegen, womit wir umgehen ist uns vertraut. Jedenfalls glauben wir das und gründen unser Gefühl von Sicherheit und Überlegenheit darin. Wie gut wir unsere Lebenswelt tatsächlich kennen wird deutlich, wenn wir uns mit ihr intensiv beschäftigen.

Ein Kunstmaler sagte mir mal, dass er ein Bild an dem er arbeitet hin und wieder umdreht, um es auf dem Kopf zu betrachten. Dann würde er Unstimmigkeiten viel leichter erkennen. Es lässt sich gut nachvollziehen, wie die vom Kunstmaler gewünschte Wirkung zustande kommt. Er hat sich vorher intensiv mit dem Bild beschäftigt, viel Aufmerksamkeit mit jedem Detail verbunden, alle seine Fähigkeiten darauf verwendet, seinen Vorstellungen in Form und Farbe Ausdruck zu verleihen – und dann steht plötzlich alles auf dem Kopf.

Auf das allgemeine Leben übertragen bestätigt die Methode des Künstlers eine Erfahrung, die einem jeden Menschen hin und wieder wie von selbst beschieden ist: es kommt tatsächlich vor, dass durch irgendein Ereignis alles Gewohnte auf den Kopf gestellt wird. Ob durch Freud oder Leid bestimmt sieht man das Bekannte und Vertraute plötzlich mit ganz anderen Augen. Aber man braucht weder Künstler:in noch vom Schicksal gebeutelt zu sein, um das Bekannte hin und wieder ganz neu zu erleben. Dieser Erfahrung kann man sich schon nähern, wenn man etwas mal ganz anders macht als gewöhnlich: mit der anderen Hand den Stift oder die Zahnbürste führen, eine Pflanze ganz genau betrachten, mit geschlossenen Augen ein gut bekanntes Musikstück anhören... – oder eben ein vertrautes Bild tatsächlich mal umgedreht betrachten.

4. Bewusste und unbewusste Willensimpulse

Der sprichwörtliche Lauf der Dinge führt tatsächlich meistens zu angenehmen Folgen. Schließlich beruht das ganze natürliche Leben darauf. Dass der Bus pünktlich kommt, in der Bäckerei morgens frisches Brot zu haben ist, Briefe regelmäßig zugestellt werden usw. ist ebenfalls absolut beruhigend. Insofern verbinden sich die allermeisten Menschen auch bereitwillig damit, nicht nur indem sie ihre Lebensgewohnheiten daran ausrichten, sondern auch indem sie selbst entsprechende Leistungen für andere erbringen.

Regulär hat alles Zweck und Ziel, zumindest solange es im Leben gut läuft. Darüber, wie und warum etwas getan wird, brauchen wir im alltäglichen Leben nicht groß nachzudenken. Das klassische Beispiel dafür ist das Autofahren. Das haben wir einmal gelernt, und jetzt denken wir nicht mehr viel darüber nach. Auch andere Verrichtungen, das Kochen zum Beispiel, laufen irgendwann wie von selbst. Routine ist einerseits ganz gut, aber nicht wenn wir darin „einschlafen", wenn aus der geschätzten Routine ein müder Trott geworden ist und wir darum das Unvorhergesehene nicht mehr bemerken. Viele Unglücke haben darin ihre Ursache, im Straßenverkehr und in vielen anderen Bereichen des Lebens.

Das Problem einer durch Routine eingeschränkten Wahrnehmung lässt sich angehen, wenn wir uns nicht bloß danach fragen, warum wir etwas tun, sondern danach, was wir bewirken wollen. Zwischen beiden Möglichkeiten besteht ein großer Unterschied. Fragen Lehrer:innen sich, warum sie Kinder unterrichten, kommen sie leicht zu eindeutigen, verständlichen Antworten. Fragen sie sich hingegen, was sie mit ihrem Unterricht für die Kinder bewirken wollen, wird es erst wirklich interessant.

Die Art der Frage führt zu jeweils ganz anderen Wahrnehmungen. Denken Sie jetzt mal an einen Menschen, den Sie wirklich lieben. Vermutlich wird Ihnen etwas dazu einfallen, warum das so ist. Aber was werden Sie antworten, wenn Sie danach gefragt werden, was Sie mit Ihrer Liebe bewirken wollen?

Die Entwicklung II

Es ist großartig, dass wir Menschen prinzipiell machen können, was wir wollen. Unsere körperliche Beschaffenheit und unsere geistigen Fähigkeiten ermöglichen uns das. Wir graben in der Erde, finden Ton und können daraus nach eigenen Vorstellungen beispielsweise eine Tasse formen, oder eine Vase, oder was auch immer. Ganz so wie wir es wollen. Dieser – nennen wir es mal so – Überlegenheit liegt zugrunde, dass wir uns selbst als Ich erleben, alles andere ist uns ein Gegenüber. Und mit diesem Gegenüber können wir machen was wir wollen. Die große Herausforderung besteht allerdings darin, dass wir uns nicht nur der Chancen bewusst werden, die sich mit unserer Natur und Veranlagung verbinden, sondern auch der Risiken. Ein solches Bewusstsein ist uns nicht von selbst gegeben, es kann sich aber entwickeln. Auch das können wir wollen und werden schließlich verstehen: *Der Mensch ist nicht nur ein spezielles, separiertes Wesen. Er ist zugleich essenziell mit einem Ganzen verbunden, das ihn fortwährend werden lässt.*

Vorhin haben wir das Samenkorn als Metapher für die Fülle unentwickelter Möglichkeiten gewählt. Damit sie sich entfalten können, bedarf es geeigneter Bedingungen. Dann geschieht die gewünschte Entwicklung von selbst. Dazu können wir nichts weiter tun. Nehmen wir nun an, dass wir selbst ein solches Samenkorn sind, also eines, das wir – im übertragenen Sinne – als unser Selbst in den Boden legen, dann haben wir ein schönes Bild für unser Leben auf Erden gefunden.

Tatsächlich werden Sie es kennen, das die Verhältnisse in denen wir leben einen gravierenden Einfluss auf unsere Befindlichkeit haben. Forscher:innen haben beispielsweise untersucht, wie sich eine natürliche Umgebung auf die Stimmung von Menschen auswirkt. Ja, mehr noch: sie haben herausgefunden, das eine natürliche Umgebung, der Blick auf Wiesen und Wälder für Patienten eines Krankenhauses nachweislich therapeutisch wohltuend wirkt und den Verlauf der Genesung günstig beeinflusst. Es gibt Ärzt:innen, die mit ihren Rezepten Spaziergänge verordnen, und das nicht nur wegen der Bewegung an frischer Luft.

Auch in der Architektur weiß man von der Wirkung, die Formen und Farben auf Menschen haben. In avantgardistischen Bauten unserer Zeit findet das seinen Ausdruck. Aber es ist eigentlich ein uraltes Wissen, das man zum Beispiel in den Kathedralen des Mittelalters auf eindrückliche Art angewendet findet. Vielleicht kennen Sie die Kathedrale in Chartres? Das ist ein in vielerlei Hinsicht wunderbarer Bau, der innen und außen mit unzähligen Figuren verziert und mit intensiv farbig leuchtenden Fenstern geschmückt ist. Interessant ist, dass viele Figuren und Bilder in so großer Höhe angebracht sind, dass man sie mit bloßem Auge gar nicht erkennen kann. Dennoch ist es so, dass das Ganze des Bauwerks wirkt. Der Gesamteindruck ist für den direkten Anblick in vielerlei Hinsicht nicht detailliert zu erfassen, aber jede darin geborgene Einzelheit ist dennoch von unverzichtbarer Bedeutung.

Was die alten Baumeister als Orte zur Erhebung des Seelischen geschaffen haben, ist ein gutes Beispiel dafür, wie eine bewusst gestaltete Umgebung die Entwicklung von darin weilenden Menschen fördern kann. Dabei ist manches unsichtbar, aber dennoch wirksam. Eben wie im Leben. Es sind unendlich viele Faktoren, durch die unser Leben beeinflusst wird. Die meisten von ihnen sind uns nicht sichtbar. Sie sind wie die Figuren hoch oben in den Gewölben der Kathedrale: man sieht sie nicht, aber sie wirken. Denken Sie an die vielen Werte, auf denen unsere Kultur beruht. Die allermeisten von ihnen leben wir, ohne sie klar benennen zu können. Und diesen Werten liegen die Lebenserfahrungen und Entscheidungen von zahllosen Menschen zugrunde, die seit Jahrtausenden in aller Welt unter den unterschiedlichsten Bedingungen lebten.

Hinzu kommt, dass die ganz persönlichen Erfahrungen, Wertvorstellungen und Ziele eines jeden Menschen auch für sich genommen ein eigener Kosmos – oder vielleicht sagen wir besser eine Kathedrale – sind. Manches darin beruht auf Vergangenem, aber anderes auch auf Zukünftigem. Auch das ist ja eine besondere, einzigartige Fähigkeit des Menschen, dass er sich ein Bild von der Zukunft machen kann, um daran schließlich seine Entscheidungen auszurichten. Bilder von der Zukunft sind mitunter sehr flüchtig. Es kommt immer wieder vor, dass uns ein Ausblick in ferne Zeiten möglich ist, und dass das sehr bald danach wieder verglimmt. Geblieben ist davon möglicherweise aber eine Erinnerung, die uns dennoch eine gewisse Richtung gibt. Um das verstehen zu können, braucht man nicht nur an Erlebnisse auf Wanderungen zu denken, bei denen man von einer Anhöhe aus erblickte, was beim Wandern durchs Tal nicht mehr zu sehen, aber dennoch Ziel geblieben war. Es kann auch das Erlebnis eines Kindes mit einem Erwachsenen sein, was einen Berufswunsch zur Folge hat. Oder denken Sie an das berauschende Bild eines geliebten Menschen in der ersten Zeit des Zusammenseins. Auch das kann für die direkte Erfahrung verloren gehen und dennoch in der Erinnerung orientierend bewahrt bleiben.

Diese ganze Umgebung prägt uns. Da wachsen wir hinein, und zwar so, dass wir das mehr und immer mehr mit wachem Bewusstsein zu erfassen vermögen. Letztendlich wird das Entscheidende in einem Bereich zu finden sein, der am Beginn einer Entwicklung noch relativ im Dunklen liegt: im freien Wünschen und Wollen. Das ist von unschätzbarem Wert, denn es kommt nur durch uns Menschen in die Welt. Der Philosoph Richard David Precht schreibt in einem seiner Bücher: „Die letzte Basis für jede moralische Regel ist ein Wünschen und Wollen und nicht ein Erkennen oder Wissen!" Diese letzte Basis der moralischen Regeln brauchen und können wir nicht herleiten wie eine Formel der Mathematik oder ein Naturgesetz. Sie ist was sie ist, und zwar von

Menschen gemacht – und darum Ausdruck der kulturellen Entwicklung, mit der wir etwas in die Welt gebracht haben, was es ohne uns und unsere freie Tat nicht gegeben hätte. Das Sieben-Generationen-Gewahrsein ist darum mehr als eine Methode, es ist ein Entwicklungsziel!

Zum Nachdenken und Üben:

5. Erinnerung und Vorstellung

Die Fähigkeit zur Erinnerung und Vorstellung ist Ausdruck bewussten Lebens. Tiere und Menschen verfügen darüber. Aber es gibt einen Unterschied, insofern wir Menschen willkürlich – also wann und wo immer wir das wollen – erinnern und vorstellen können. Einerseits geschehen Erinnerung und Vorstellung einfach, wenn wir zum Beispiel ins Wasser fallen und schwimmen, oder wenn wir an zu niedrigen Türen der Kopf einziehen. Andererseits können wir jemandem rechtzeitig zum Geburtstag gratulieren, oder uns gemütlich hinsetzen und an den letzten Urlaub denken.

Indem wir über die Fähigkeit zu willkürlicher Erinnerung und Vorstellung verfügen, ergänzen wir den subjektiven Vorgang der Sinneswahrnehmung damit, dass wir uns mit einem „Weltprozess" verbinden. Für die Haudenosaunee war es so, dass Erinnerungen und Vorstellungen in der Orenda bewahrt sind. Während wir Heutigen eher nur an Vorgänge im Gehirn denken, wenn wir über die Natur von Erinnerungen und Vorstellungen befinden, erlebten die Menschen in den alten indigenen Kulturen darin einen objektiven Zusammenhang mit einer überirdischen, geistigen Welt.

Etwas von diesem Empfinden blieb auch in unserer Kultur bewahrt, insofern wir allegorisch davon sprechen, dass jemand vor sich hin träumend in einer „anderen Welt" sein kann, oder beim intensiven Nachdenken „nicht mehr von dieser Welt" ist.

Im Sinne des Sieben-Generationen-Gewahrseins können wir daran anknüpfen und uns vorstellen, dass wir tatsächlich immer auch in einer unsichtbaren, aber dennoch hochwirksamen Umgebung existieren, mit der all unsere Erinnerungen und Vorstellungen verbunden sind. Das ist keinesfalls nur abgehoben esoterisch zu verstehen, sondern schon lange Gegenstand der psychologischen und psychotherapeutischen Forschung. Wir können die vorhin gebrauchte Metapher vom Samenkorn anwenden und im übertragenen Sinne vorstellen, dass wir selbst ein Samenkorn sind, das wir im Vorgang der Erinnerung und Vorstellung in den Boden der Orenda ausbringen. Danach gilt, dass auch dieser Boden gepflegt sein will, und dass die keimende und wachsende Pflanze umsorgt, gegebenenfalls auch mal von Beikräutern befreit werden muss: Die Sorge des Menschen um sich selbst erscheint wie die Arbeit des Gärtners im Garten.

6. Ideen als geistige Urbilder irdischer Formen

Nehmen wir an, dass wir uns vorgenommen haben, ein Mittagessen zu kochen. Dann haben wir uns vorgestellt, woraus das Mahl bestehen soll und wie wir es am besten zubereiten: das Gemüse putzen, kochen und würzen, es ansprechend anrichten und servieren. Unsere Vorstellung folgt einem imaginären Weg von der Idee, dem Plan, der Durchführung und der Vollendung. Das ist ein vierstufiger Entwicklungsweg, der zwischen dem geistigen Bild und der konkret gegenständlichen Wirklichkeit verläuft. Normalerweise denken wir einen Entwicklungsweg auch in dieser Weise, also „von oben nach unten". Und wenn etwas gegenständlich erschienen ist, betrachten wir eine Entwicklung meistens als abgeschlossen.

Interessant ist, im Vorstellen einer Entwicklung die Richtung zu ändern. Das kann man für jeden beliebigen Gegenstand (und Sachverhalt) tun. Das Mittagessen, von dem eben die Rede war, ist schon sehr dafür geeignet, denn man erlebt sehr schnell, worauf es hinausläuft. Stellen Sie sich das Essen auf dem Teller mal vor: Die Möhren, Kartoffeln, der Salat, die Kräuter usw. liegen zubereitet vor ihnen, und nun gehen Sie den Weg rückwärts von der Küche bis zum Gemüse im Garten. So kehren die Nahrungsmittel aus den Händen der Menschen in die Natur zurück. Sie werden mehr und mehr von den allgegenwärtigen Kräften erfasst, die auch unserem eigenen Leben zugrunde liegen.

Zuletzt kommen wir dort an, wo die Idee noch ganz ohne irdische Form gegenwärtig ist. Diese Idee ist einzigartig, sie lässt die Erde im einen Fall Möhre, in einem anderen Fall Kartoffel, Erbse, Kohlrabi – oder eben Mensch sein. Wir erkennen schließlich, dass absolut allem eine Idee zugrunde liegt, die geistiges Urbild der irdisch erscheinenden Form ist.

Schauen wir auf die Menschenwelt, finden wir dort vieles, was irgendwann einmal gedacht und dann ausgeführt wurde. Tatsächlich können wir nach eigenem Gutdünken einen Vorgang auslösen und beeinflussen, der in der Natur in sehr viel größerem Stil ohne jedes menschliche Zutun erfolgt. Aber die in allem wirksame Kraft der Ideen ist dieselbe. Es ist eine wunderbare Erfahrung, das zu erkennen!

Orenda II

Daran, dass die Welt von wirksamen Kräften durchzogen ist, wird niemand bezweifeln, denn mindestens elementare Kenntnisse der Naturwissenschaft uns vertraut. Gegenstände fallen, Feuer wärmt, Steine haben ein Gewicht – der Beispiele ließen sich noch viele finden. Aber wie ist es, wenn wir genauer hinschauen? Zum Beispiel zum Licht. Es ist überall, aber unsichtbar. Sehen können wir nur die beleuchtete Materie. Oder was ist es, dass eine Sonnenblume ausgerechnet Sonnenblume und nicht Maiglöckchen sein lässt? Wie ist es mit dem Leben? Wir wissen, dass wir leben, auch weil wir uns der Fortdauer der Funktionen unseres Leibes bewusst sind. Aber was ist das Leben ansich? Wir haben uns bereits damit beschäftigt, dass man in den alten indigenen Kulturen von der Orenda sprach. Wir haben etwas darüber erfahren, dass man darunter eine Kraft verstand, die in allen Erscheinungen der Welt wirksam gegenwärtig ist. Ein Indianer hegt keinen Zweifel an dieser Tatsache, denn er lebt in der Orenda, sein Bewusstsein ist mit ihr verbunden.

Für uns ist das anders. Wir sind in unserer Kultur gewissermaßen aus diesem Bewusstsein herausgefallen. Das Erleben der Orenda müssen wir uns erst wieder erobern. Das ist möglich, wenn wir uns für die entsprechenden Erfahrungen öffnen: *Wir können uns nach und nach ein Bewusstsein dafür erschließen, dass wir nicht nur in der sichtbaren, sondern zugleich auch in einer unsichtbaren Welt leben.*

Wenn es Ihnen wirklich gut geht, werden Sie vielleicht sagen: „Ich fühle mich wohl". Oder im Badezimmer sagen Sie sich: „Ich wasche mich". Darin drückt sich aus, dass wir Menschen uns mit unserem Leib total identifizieren. Jedenfalls solange es uns leiblich gut geht. Wenn das nicht der Fall ist, sagen wir unter Umständen: „Mein Bauch tut mir weh". Das klingt distanzierter. Durch den Schmerz ist ein Teil unseres Leibes, den wir normalerweise gar nicht spüren, zu etwas fremdem geworden, mit dem wir uns eben nicht mehr vollkommen identifizieren.

Interessanterweise haben wir zur Welt ein ähnliches Verhältnis wie zu einem schmerzenden Körperteil: sie ist uns ein zuweilen fremdes Gegenüber, wir erleben sie nicht als Teil unserer selbst. Für die Menschen in den frühen indigenen Kulturen war das noch ganz anders. Sie erlebten sich mit der Welt in der sie lebten ebenso total identifiziert wie mit ihrem eigenen Körper. Da gab es keinen Unterschied. Das jedenfalls ansatzweise zu verstehen ist sehr wichtig, denn sonst bleibt unklar, was mit Orenda gemeint ist, nämlich eine Lebenskraft, die man nicht von außen betrachten oder messen kann. Man findet den Zugang zu ihr in einem Verhältnis, das dem des eigenen Bewusstseins zum gesunden Körper gleicht.

Das Großartige an allen Werken der Natur ist ihre Stimmigkeit. Nichts in ihr ist überflüssig, kitschig oder unpassend. Heutzutage wissen wir sogar, dass nichts fertig und vollendet ist, sondern das alles sich im dauernden Werden der Evolution befindet – für die es auch nicht möglich ist, einen Anfang oder ein Ende zu bestimmen. Insofern gibt es keinen ausgefeilten Bauplan, weder für das Ganze der Welt, noch für irgendein Teil in ihr. Die Welt ist kein fertiges Haus, das von einem Baumeister erschaffen wurde, sondern etwas, dessen Erscheinen auf einem dauernden Wandel beruht.

Für den Leib gilt das auch: Er ist nie fertig und vollendet. Was er jetzt ist, ist er vorher nicht gewesen und wird es nachher nicht mehr sein. Vielleicht bekommen Sie jetzt Bauchweh? Das täte mir leid, aber wir müssen versuchen, diese Hürde zu nehmen. Orenda ist nämlich kein Klebstoff, der fest wird, auch keine Farbe, die trocknet. Sie folgt auch keinem konkreten Plan. Stattdessen bringt sie aus dem Zusammenhang des Ganzen jedes Teil immer wieder neu hervor. Das kann das Werden und Vergehen einer Sonnenblume ebenso sein, wie das Geborenwerden und Sterben eines Menschen. Und auch dieses Werden und Vergehen, dieses Geborenwerden und Sterben sind keine begrenzten Ereignisse, sondern ein fortwährender Prozess – ohne Anfang und Ende, sogar ohne vorgegebenes Ziel.

Orenda ist jene Kraft, die die Welt im einen Fall Sonnenblume, im anderen Mensch sein lässt. Ein Indianer würde das nicht hinterfragen, denn dass es so ist, entspricht seinem grundsätzlichen Lebensgefühl. Für uns Heutigen ist das anders. Wir blicken auf die Welt und finden uns zu naturwissenschaftlichem Hinterfragen veranlasst. So sprechen wir von vielen verschiedenen Einflüssen und Kräften, die für das Erscheinen der Welt und auch von uns selbst ursächlich sind. Vor dem Hintergrund unserer Kultur ist es verständlich, dass wir so denken, aber es deckt sich nicht mit jenem Empfinden, das wir mindestens noch für uns selbst haben. Und das ist das Dilemma: Wir leben einerseits im Bewusstsein einer Totalidentifikation mit unserem Leib, andererseits behandeln wir die Welt als Gegenüber, als „Um-welt". Zum mitweltlichen Empfinden – nicht nur die Indianer, sondern vermutlich auch unsere europäischen Vorfahren verfügten noch über diese Fähigkeit – müssen wir erst wieder zurückfinden. Worauf es dabei ankommt, haben wir gesehen: die Verbundenheit mit der Welt ebenso intensiv und total zu erleben, wie die mit unserem Leib.

Zum Nachdenken und Üben:

7. Alle Wesen einer Art

Für die unermessliche Vielfalt, die uns in unserer Mitwelt umgibt, haben wir Begriffe gefunden. Damit können wir Gruppen bilden, die alles etwas überschaubarer machen. So sprechen wir beispielsweise von Pflanzen und meinen damit eine bestimmte Gruppe von Lebewesen. Und innerhalb der großen Gruppe der Pflanzen kennen wir Untergruppen, z.B. Bäume, Blumen, Gemüse usw. So können wir fortschreiten bis zu einem einzelnen Exemplar. Wenn wir dann genau hinschauen, werden wir bemerken, dass dieses einzelne Exemplar vielen anderen in seiner Gruppe gleicht, aber nicht absolut identisch mit ihnen ist. Im Ganzen (alle Sonnenblumen z.B.) gibt es Übereinstimmungen, im Einzelnen (die konkrete Sonnenblume in unserem Garten) Unterschiede, die jedes Exemplar zu etwas Besonderem machen.

Auch für uns Menschen gilt, dass wir alle Wesen einer Art sind. Wir unterscheiden uns schon äußerlich von allen anderen Lebewesen und bilden aufgrund dieser gemeinsamen Merkmale eine Gruppe, zu der jede:r von uns gehört. Andererseits sind wir, wenn wir genau hinschauen, niemals genau gleich. Jeder Mensch ist so gesehen ebenso wie jede einzelne Sonnenblume ein Unikat.

Das Besondere und Unverwechselbare ist aus dem großen Ganzen geworden. Es ist eine Modifikation, die sich aufgrund des Zusammenwirkens unterschiedlichster Faktoren ergibt. Die Bäume an der Küste beispielsweise sind mit dem Wind gewachsen, und zu jedem Menschen gehört ein individuelles Schicksal, das ihn so werden ließ wie er jetzt ist.

Um etwas deutlicher ahnen zu können, was mit Orenda gemeint ist, wird es hilfreich sein, sich von der äußeren Gestalt, also dem erkennbar Einzigartigen und Originellen – jedenfalls für einen Moment – ein Stück weit zu lösen. Das lässt sich auf einfache Weise üben, wenn man z.B. mit geschlossenen Augen und ganz entspannt den Geschmack einer Frucht oder den Duft einer Blüte auf sich wirken lässt. Was ist dann zu erleben, wenn die Begriffe Apfel oder Rose ganz zurückgenommen sind? Ein Sommelier hat eine gewisse Übung darin. Seine Eindrücke vergleicht er mit anderen Erfahrungen, seine Sprache ist metaphorisch. Versuchen Sie mal, einfach nur zu schmecken und zu riechen. Das ist ein einfacher Einstieg. Später können Sie sich auch auf die anderen Sinne konzentrieren, eine Farbe losgelöst vom Objekt sehen und erleben, oder einen Ton gelöst aus der Melodie. Mit der Zeit werden Sie das immer besser können und dadurch einen Eindruck von der Orenda gewinnen.

8. Ideen erfassen und zu Idealen werden lassen

Der Grad der erlebten Verbundenheit mit dem alltäglichen Leben hängt meistens davon ab, dass wir Aufgaben und Ziele haben. Alles andere scheint sinnlos und langweilig. Einfach so zu leben, ganz ohne Ziele, ohne engagiertes Bemühen um Fortschritt und Wachstum, wird allenfalls einem gescheiterten oder einem mönchischen Lebensmodell zugeschrieben. Und für nicht wenige Menschen ist der Übergang in den Ruhestand darum besonders anstrengend, weil sie dann vermeintlich keine Aufgaben mehr haben.

Dass Aufgaben und Ziele über den alltäglichen Lebensfeldern und -wegen ausgemacht und bewusst mit den eigenen Absichten und Taten verbunden werden, beruht auf der besonderen menschlichen Fähigkeit, Ideen erfassen und zu Idealen werden zu lassen. Das kann so kein anderes Lebewesen. Dennoch ist mit dieser großartigen Begabung die Gefahr verbunden, vor lauter subjektiver Entschiedenheit den großen Zusammenhang zu vergessen. Ehrgeiz, Eitelkeit und Egoismus sind Schwächen, die dadurch genährt werden.

Hinzu kommt, dass das alltägliche Leben so sehr durch das Verfolgen von Aufgaben und Zielen bestimmt wird, dass ein davon freier Zustand offensichtlich nicht leicht erträglich ist. Für einen begrenzten Zeitraum in Urlaub oder Freizeit mag es gelingen und einen entspannenden Effekt haben. Aber wie wach und bewusst nehmen wir wahr, was sich in solchen herausgehobenen Momenten ereignet?

Von den vordergründigen Aufgaben und Zielen abzusehen bedeutet nicht, sich einfach treiben zu lassen und nichts zu wollen. Vielmehr geht es um eine erhöhte Aufmerksamkeit für Impulse, die wir nicht selbst hervorbringen, sondern die sich ohne unser direktes Zutun ergeben. Wenn wir das Leben als Tanz verstehen, können wir entweder führen oder uns führen lassen. Beides ist zweifellos berechtigt, aber unsere vorherrschende Lebensart wird vor allem dadurch bestimmt, dass wir uns um ersteres bemühen.

Demgegenüber ist es bemerkenswert, dass unser Leben in vielen persönlichen und überpersönlichen Bereichen tatsächlich auf Vorgängen und Entwicklungen beruht, die sich ganz ohne unser Zutun einfach ereignen. Die ganzen leiblichen Funktionen, die unsere Existenz ermöglichen, aber auch das Keimen, Wachsen und Reifen in der Natur sind gute Beispiele dafür. Insofern es uns gelingt, darüber hin und wieder einen Moment lang kontemplativ nachzusinnen, dem intensiver zu folgen als unserem vordergründigen Wollen, finden wir einen anderen, freieren Zugang zu unseren persönlich-alltäglichen Aufgaben und Zielen.

Sieben Generationen II

Ich war zehn Jahre alt, als mir im Schulunterricht klar wurde, dass nichts so bleibt wie es ist. Alles befindet sich im Fluss, verändert und wandelt sich fortwährend. Beständigkeit ist so gesehen ein relativer Begriff. Dennoch ist es nur zu verständlich, dass wir Menschen uns so sehr an ihm festhalten. Die allermeisten Wandlungsvorgänge nehmen wir ohnehin nur mit zeitlicher Verzögerung wahr. Wir stellen fest, dass ein Baum gewachsen, Kinder groß geworden sind, aber das Wachstum selbst sehen wir nicht.

Auch unser Leben unterliegt einer fortwährenden Wandlung, in der Werden und Vergehen ineinander verwoben sind. Um das fassen zu können, erklären wir Geburt und Tod zu Momenten, die den Anfang und das Ende eines Erdenlebens markieren. Dabei übersehen wir, dass sich das Geborenwerden und Sterben fortwährend ereignet, also das ganze Leben durchzieht. Wandlung ist ein Prozess, kein punktuelles Ereignis. Punktuell ist nur der Augenblick des Jetzt, der absoluten Gegenwart. Und zwar so punktuell, dass er sich irgendwann nicht mehr greifen lässt. In ihm löst sich die Zeit gewissermaßen auf. Aber genau in diesem Moment – man kann ihn sinnigerweise als das „Inter-esse" (lateinisch: *dazwischen sein*) des Lebens bezeichnen – ereignet sich unsere Existenz und Wandlung. Darum: *Eher wirken lassen, als etwas bewirken wollen. Der Mensch gewinnt ein liebevolles Verhältnis zur Geschichte der sieben Generationen.*

Wenn wir daran denken, dass wir zu einer unter vielen Generationen gehören, können wir bald bemerken, was uns in besonderer Weise charakterisiert. Das Leben der uns vorangegangenen Menschen hat einen Einfluss auf uns, ebenso wird unser Leben für unsere Nachkommen bis zu einem gewissen Grad prägend sein. Mitweltlich empfunden leben wir mit unserem Interesse (zu diesem Begriff siehe oben) in einem Biotop, in dem wir uns als Generation unter Generationen entwickeln, genauso wie die Pflanzen unter dem Einfluss der Kräfte der Natur. Aus dem Wissen um diesen Tatbestand entwickeln wir im allgemeinen unser historisches Bewusstsein. Wir können aber darüber noch hinaus gehen, indem wir unser Interesse mit Vertrauen umkleiden.

Ein Samenkorn wird vermutlich nicht daran zweifeln, dass es sich im Ackerboden entfalten wird. Das klingt jetzt erst mal merkwürdig, lenkt aber die Aufmerksamkeit darauf, dass die Lebens- und Wandlungsvorgänge in der Natur von einem Vertrauen begleitet sind, dass uns Menschen im Laufe unseres Lebens schon in relativ jungen Jahren verloren geht. Im Unterschied zum Samenkorn sind wir der Welt nicht einfach ergeben, sondern verfügen über die Fähigkeit zu einem wachen, reflektierenden Geistesleben. Sogar das längst Vergangene und das noch nicht Gewordene können wir denken. Das zeichnet uns als Menschen einerseits aus, andererseits separiert es uns aus einem Zusammenhang, in den wir – unter Einsatz der besagten geistigen Fähigkeiten – erst wieder zurückfinden müssen. Ich vermute, dass wir Heutigen mehr als alle uns vorangegangenen Generationen darin eine sinnvolle Aufgabe und Herausforderung finden können, denn noch nie hatten wir es so schwer damit, auf das Leben zu vertrauen – und das ausgerechnet vor dem Hintergrund sehr weit entwickelter naturwissenschaftlicher Erkenntnisse.

Wenn wir uns für Generationen interessieren, stellt sich bald die Frage nach dem Wesentlichen darin. Die vielen Fakten, die wir beispielsweise zum Leben unserer Eltern kennen, gehören zu einem Gesamtbild, das es zu erfassen gilt. Hier kommt wieder ins Spiel, was wir uns zum Prozess der Wahrnehmung bereits erarbeitet haben: Auf der einen Seite ereignet sich die möglichst unbefangene Beobachtung, die auf der anderen Seite mit Erfahrungen und Wissen verbunden wird. Beides zusammen bildet die Wahrnehmung, aus der ein Begriff hervorgeht, der das Wesentliche, also den Sinn in allem erahnen lässt.

Für all das ist der Gesamtzusammenhang wichtig, nicht das einzelne Ereignis, das für sich genommen gelegentlich sogar als falsch und sinnlos erscheint. Aber trifft das die mittel- bis langfristige Wirklichkeit? Aus dem eigenen Leben kennen wir ja, dass nicht nur das Glück, sondern auch manche bittere Erfahrung letztendlich unverzichtbar ist. Manche Klugheit hat sich direkt aus einem Schaden entwickelt, und warum sollte das nur für uns selbst gelten und nicht auch für das Zusammenspiel mehrerer Generationen? Wenn man an die vorangegangenen Generationen denkt, ist es in diesem Sinne nicht immer einfach, unbefangen und neutral zu bleiben. Schließlich fallen einem nicht nur die in der Vergangenheit erbrachten Leistungen auf, sondern ebenso – vielleicht sogar sehr bald – die begangenen Fehler und Versäumnisse. Umso wichtiger ist die Suche nach den heilenden Kräften, die zwischen den Generationen ebenso wirksam sind, wie in der Natur und jedem Lebewesen.

Zum Nachdenken und Üben:

9. Die Generationen als Lebensraum

Die eigene Wohnung und deren Umgebung kennen Sie vermutlich relativ gut. Sie wissen, in welchem Schrank das Geschirr, oder wo in Ihrem Stadtteil der Supermarkt zu finden ist. Zu allem können Sie kleine Geschichten erzählen, durch die man erfährt, wo Sie die Tassen und Teller gekauft haben, oder dass die Frau an der Kasse im Nachbarort wohnt. Alles zusammengenommen ist Ihr Lebensraum, in dem sich die meisten Ihrer Tage ereignen.

Im übertragenen Sinne sind auch die vorangegangenen und folgenden Generationen ein Lebensraum, den wir mehr oder weniger gut kennen. Möglicherweise erzählen wir uns im Familien- und Freundeskreis Anekdoten, in denen wir frühere Zeiten aufleben lassen. Vielleicht machen wir uns hin und wieder Gedanken über die Zukunft, wie die heutigen Kinder in Zukunft wohl leben werden, welchen Herausforderungen sie sich zu stellen haben und wie es uns selbst damit ergehen würde. In all diesem Nachsinnen gilt gemeinhin: Vergangenes ist vergangenen und Zukünftiges ist noch nicht da. Die Gegenwart, also unser augenblickliches Leben, erscheint uns als das einzig wirklich Reale.

Versuchen wir mal, uns von diesem Verständnis ein wenig zu lösen. Wenn wir uns darauf verlegen, alles das als wirklich zu nehmen, wessen wir uns bewusst sind – also nicht bloß die jetzt aktuellen, äußerlich sichtbaren und anfassbaren Tatsachen –, kommt unseren Vorstellungen von der Vergangenheit und Zukunft eine ganz andere Bedeutung zu. Die meisten Menschen können sich relativ gut an die eigenen Eltern und Großeltern erinnern. Ebenso gut ist es möglich, von der Jetztzeit aus ein Stück weit in die Zukunft zu denken.

Es ist ein bestimmter zeitlicher Rahmen – folgt man den Haudenosaunee: von etwa sieben Generationen –, in dem wir leben. Das ist ähnlich zu verstehen wie der Radius von Wohnung und Wohnumfeld.

Es geht jetzt wohlgemerkt nicht darum, nur die gegenwärtig-gegenständliche Umgebung als wirklich anzuerkennen, sondern auch das Vergangene und Zukünftige. Obwohl es nicht mehr oder noch nicht anfassbar ist, wirkt es doch. Jeder Mensch kann schnell viele Beispiele dafür finden. Aber es ist ein Unterschied, ob wir die Wirkungen der Vergangenheit und Zukunft so deuten, als würden sie letztlich doch nur durch uns selbst hervorgerufen, oder ob wir – wie die Haudenosaunee – davon ausgehen, dass es sich um eine wirkliche und wirksame Welt von überzeitlicher Präsenz handelt. Unabhängig von unserem Weltbild können wir das als gedankliches Experiment durchführen: Wie wäre es, wenn Vergangenheit und Zukunft ebenso präsent sind wie die Gegenwart? Welchen Einfluss hat eine solche Annahme auf unsere Entscheidungsfindung und die Qualität der darauf folgenden Taten?

10. Das Leben des Ganzen respektieren und berücksichtigen

Immer wieder komme ich in der Nähe unserer Wohnung an einer sehr alten Kastanie vorbei. Der Baum ist vermutlich schon über 200 Jahre alt und sehr hoch gewachsen. Wenn man ihn von Weitem anschaut, sieht man, dass seine mächtige Krone an der einen, über eine Straße reichenden Seite großzügig und weit ausgebildet ist. Zur anderen Seite reichen die Äste nicht so weit, sondern lassen einen Zwischenraum zur nahen Wand eines Hauses.

Wenn man darauf achtet, wird man viele Beispiele dafür finden, dass sich Natur an die jeweilige Umgebung angepasst entfaltet. Aufgrund der Wuchsformen und -höhen von Pflanzen können Kundige sogar auf die Beschaffenheit von Böden und die vorherrschenden Klimate schließen. Ebenso sind Pflanzen statische Wunderwerke. Man bedenke nur, wie stabil ein Getreidehalm im Verhältnis seiner Länge zum Umfang ist.

Das Prinzip der optimalen Anpassung an die Umgebung und die darin vorherrschenden Verhältnisse gilt prinzipiell auch für uns Menschen, und es kommt hinzu, dass wir das bemerken und zur Grundlage unseres bewussten Lebens machen können. Bezüglich der äußeren Welt ergäbe sich daraus ein ökologisch sinnvolles Handeln. Mit unseren eigenen Interessen würden wir stets das Leben des Ganzen respektieren und berücksichtigen. Aber auch auf die innere Welt lässt sich die Erkenntnis anwenden: Wir können an das überzeitliche Umfeld (dazu siehe oben) angepasst denken, fühlen und wollen, bzw. uns damit beschäftigen, inwiefern unser seelisches Leben mehr als bloß subjektiv ist.

Der Baum entfaltet sich im Sinne der in seiner Umgebung vorherrschenden Bedingungen. Seiner Natur folgend ist er dem ganz und gar ergeben. Wir Menschen sind davon bis zu einem gewissen Grad emanzipiert, insofern wir die Einflüsse der Umgebung beeinflussen oder sogar zurückweisen können. Damit haben wir uns einen bedeutsamen Freiraum geschaffen, aus dem heraus wir auch die seelisch-geistigen Aspekte unserer Entwicklung bewusst handhaben können. Indem wir uns darin üben, indem wir uns der vorangegangenen und folgenden Generationen immer mehr bewusst werden, vergrößert sich unser Lebensraum.

Überblick II

Denken wir an verschiedene Generationen, ist das naturgemäß mit dem Bemühen um eine Übersicht verbunden. Es können Jahrzehnte oder Jahrhunderte sein, um die es geht. Von einem gegenwärtigen Ereignis aus blicken wir auf den Umkreis, versuchen einzuordnen, was uns aktuell beschäftigt. Umgekehrt können wir auch danach fragen, welche in der Vergangenheit gesetzten Impulse uns mit welchen Konsequenzen erreichen. Fraglos sind es viele, seit Generationen erbrachte Vorleistungen, die uns heutzutage das Leben ermöglichen. Dafür können wir dankbar sein. Ebenso gab es aber auch manche Ereignisse, deren Folgen uns zu schaffen machen. Auch dafür werden wir mühelos Beispiele finden. Immer ereignet sich menschliches Leben in einem Zusammenhang, in den auch wir einbezogen sind. Vergangenes und Zukünftiges findet sich im Heute vereint: *Erkennen, dass man von den Kräften des Lebens begleitet und getragen ist. Der Mensch gewinnt Vertrauen zur Welt und zu sich selbst.*

Es ist bemerkenswert, dass nur der Mensch sich willentlich an etwas „er-innern" und sich Zukünftiges „vor-stellen" kann. Er kann in sich selbst willkürlich ein Bild von etwas entstehen lassen, das es nicht mehr oder noch nicht gibt. Unser ganzes alltägliches Leben beruht darauf, ob im ganz profanen Sinne oder in seiner tiefsten Dimension. Bewusstes Leben beginnt damit, denn ohne die Fähigkeit zu Erinnerung und Vorstellung ist planvolles Handeln nicht möglich. So können Vögel ihre Nester bauen und Wale durch die Weltmeere schwimmen. Für den Menschen kommt hinzu, dass er mit dieser Fähigkeit zu bewusstem Leben willkürlich umgehen kann. Er ist imstande, über seine gegenwärtigen Bedürfnisse hinaus planvoll zu handeln. So schafft er beispielsweise Werke der Kunst oder einen Lebenslauf, der durch selbst gewählte Ziele bestimmt wird. Der Mensch fügt damit der Welt etwas hinzu, das es ohne ihn so nicht geben würde.

Die Fähigkeit zu willkürlicher Erinnerung und Vorstellung ist zugleich die elementare Voraussetzung menschlicher Freiheit. In diesem innerlichen Prozess ist es uns möglich, über Motive und Folgen unseres Handelns nachzudenken. Wir können uns selbst in der Wirkung auf die Welt ebenso verstehen, wie auch jene Einflüsse, die von der Welt auf uns ausgeübt werden. In dieser Erkenntnis keimt und wächst die moralische Kraft, mit der die Folgen unserer Taten im Zusammenhang mit allen Tatsachen und Vorgängen des Lebens erscheinen. Dadurch bekommt planvolles Handeln eine weitere, typisch menschliche Dimension. Hier lässt sich erkennen, was die Haudenosaunee meinten, wenn sie sagten, dass der Mensch sich Orenda mehr und mehr zu eigen macht, und dass es eine besondere Kraft ist, die daraus hervorgeht. Es ist nämlich nicht nur die sichtbare Welt, sondern auch eine unsichtbare, auf die wir unser Bewusstsein und autonomes Handeln zu erstrecken vermögen.

Um das verstehen zu können, brauchen wir nicht gleich an Götter und Geister zu denken. Es geht zunächst um unsere innere Welt und um unser Verhältnis zu vorangegangenen und folgenden Generationen. All dies ist für die gewöhnlichen Sinne unsichtbar, aber dennoch von großer Bedeutung. Der zu gewinnende Überblick bezieht sich darum auf eine Dimension, der wir normalerweise nicht viel Aufmerksamkeit widmen. Mit Hilfe des Sieben-Generationen-Gewahrseins lässt sich das ändern. Man könnte sagen, dass sich ein Nebel lichtet und der Ausblick frei wird. Willkürliches Erinnern und Vorstellen bietet uns die Möglichkeit, aus dem Jetzt und Persönlich-Existenziellen zu einer Übersicht zu gelangen, die gleichsam über uns selbst hinausreicht. Das Ganze der Generationen und der Welt wird zum entscheidenden Hintergrund für jedes gegenwärtige Handeln. Je präziser das Bild ist, das wir von diesem Hintergrund gewinnen, desto umsichtiger und verantwortlicher werden wir handeln. Aber auch eine Gelassenheit entwickelt sich, die darauf gründet, dass wir einzelne Ereignisse in ihrer Beziehung zum großen Ganzen erkennen.

Interessant ist, dass sich im Laufe der Biografie zum Alter hin manche Übersicht und Gelassenheit wie von selbst entwickelt. Gereifte Altersweisheit ist den Fähigkeiten eines Hoyaneh nicht unähnlich. Vermutlich haben Sie selbst es schon erlebt, wie anders ein alter Mensch mit den Herausforderungen des Lebens umgeht. Die Geschäftigkeit der Jungen ist bei manchen Alten einer Ruhe gewichen, die darauf vertraut, dass mittel- bis langfristig manches ausgeglichen und korrigiert werden kann, was auf kurze Sicht noch allzu erschütternd und bedrängend wirkt. Um dieses Vertrauen, das für die eigene Sprache des Lebens aufmerksam ist, geht es im Sieben-Generationen-Gewahrsein. Dass es um eine Reife geht, die der Mensch im Laufe seines Lebens aufgrund biografischer Entwicklung erreichen kann, weist darauf hin, dass auch die selbstgewollte – und insofern forcierte – Entwicklung mit allgemeinen Kräften rechnet. Die Haudenosaunee sahen die Entwicklung dieser Reife mit dem bewussten Ergreifen der Orenda verknüpft.

Zum Nachdenken und Üben:

11. Über Zeit und Raum erhaben

Mittlerweile sind Erfahrungen gut dokumentiert, die ein Mensch in der Nähe seines Todes machen kann. Die moderne Intensivmedizin macht es möglich, Herz und Kreislauf nach ihrem Stillstand wiederzubeleben, so dass ein Mensch unter Umständen auf dem Weg seines Sterbens umkehren und ins Leben zurückfinden kann. Unter denjenigen, die das erlebt haben, sind sehr viele, die von einer beeindruckenden Lebensüberschau berichten, die sie in einem einzigen kurzen Moment vor der erfolgreichen Reanimation hatten.

Wenn wir davon hören, können wir uns nicht leicht vorstellen, wovon die Rede ist. Wir sind es gewohnt, Erinnerungen der Reihe nach zu haben. Unsere Vorstellungen folgen einem zeitlichen Verlauf und treten nicht gleichzeitig auf. Aber es scheint so zu sein, dass das im Prozess des Sterbens in unmittelbarer Nähe zum Tod ganz anders ist. Medizinisch betrachtet ereignen sich solche Nahtoderfahrungen in der Phase der Agonie, in der die Nerventätigkeit langsam erlischt. Merkwürdig ist, dass die Berichte Reanimierter bezeugen, dass mit diesem Erlöschen der Nerventätigkeit und der zugleich erlebten Trennung vom Leib das Bewusstsein nicht etwa abnahm, sondern sich erweiterte. Eine überraschend detaillierte Übersicht über das gesamte, bis dahin gelebte Leben tat sich auf.

Nahtoderfahrungen nehmen sich wie die größtmögliche Steigerung dessen aus, worum es im Sieben-Generationen-Gewahrsein geht. Über Zeit und Raum erhaben wird ein Zusammenhang erlebt, der alle Lebenserfahrungen miteinander verbindet. Darin ist einfach alles von Bedeutung. Freud und Leid, Gelingen und Scheitern, Gewinnen und Verlieren gleichen sich an. Der Mensch hadert nicht mehr mit seinem Schicksal, weil er jede Facette darin als unverzichtbar und sinnvoll erlebt.

Wir können uns dieser Erfahrung nähern, indem wir versuchen, alltägliche Lebenserfahrungen nicht sofort zu bewerten. Auf den ersten Blick mag es beispielsweise so scheinen, dass wir mit etwas gescheitert sind oder uns irgendetwas am Fortkommen hindert. Aber bereits mittelfristig kann sich zeigen, dass gerade ein solches Ereignis von unverzichtbarer Bedeutung, also letztlich gut, hilfreich und lehrreich war. Statt alles und jedes möglichst schnell begreifen und einordnen zu wollen, können wir uns darauf verlegen, bewusst offen zu lassen, damit das Leben selbst zu uns sprechen kann.

12. Der erste Eindruck ist der beste

Neben dem Reservoir gesammelter Lebenserfahrungen weiß jeder Mensch, wie er eigentlich leben möchte und wie die Weltverhältnisse dafür beschaffen sein müssten. Die Welt solcher Vorstellungen stimmt nicht immer oder nur bis zu einem gewissen Grad mit den tatsächlichen Lebensverhältnissen überein. Während man sich beispielsweise ausmalen kann, wie es sich in einer durchweg friedlichen Welt leben ließe, konfrontiert das alltägliche Leben mit immer wieder auftretenden Spannungen und Streit. Der Qualität von Liebe, Verständnis, Zuversicht und Treue kann man sich bewusst sein und bleiben, obwohl sie immer wieder erschüttert wurden und werden.

Prüfen Sie mal Ihre Erinnerung daran, wie Sie sich in einen anderen Menschen verliebt haben. Redensartlich hatte man in diesem Moment „Schmetterlinge im Bauch" oder trug eine

„rosa Brille". Dann war irgendwann dieses erste wunderbare Gefühl verflogen und die erste Verliebtheit vergangen. Was war passiert? Viele Menschen sprechen von einer Enttäuschung, die sich dann eingestellt hat. Das erste Bild stimmt nicht mehr mit dem überein, was mit zeitlichen Abstand erlebt wird. Und dann denkt man sehr schnell, dass im Laufe der Zeit die Erfahrungen zugenommen haben, und darum der spätere Eindruck eher der Realität entspricht als der erste. Aber genau das kann man auch ganz anders sehen, nämlich so, dass der erste Eindruck tatsächlich der beste war, dass die wahre Natur des Menschen in diesem Augenblick von uns in einzigartiger Weise rein und klar erlebt wurde. Was sich danach im Laufe der Zeit einstellte ist Täuschung, also eine Überlagerung des reinen, liebenswerten Wesens. Für den Bestand einer Liebe über den ersten Moment hinaus kommt es darauf an, ob und wie weit es gelingt, an jenem Eindruck festzuhalten, der sich zuallererst einstellte. Liebe beruht so gesehen viel mehr auf den Gedanken, die wir uns voneinander machen, als auf den Gefühlen, die wir füreinander hegen. Dieses Beispiel von der Liebe zu einem anderen Menschen verdeutlicht eindrücklich, worum es im Leben auch in anderen Bereichen geht, nämlich der innerlich erlebten Welt der Offenbarung die Treue zu halten. Was das Menschliche überragt, was uns im besten Sinne zutiefst bewegt und begeistert, ist nicht verloren, auch wenn es im Alltag durch Widersprüche verschattet wird.

In den meisten Religionen, Weltanschauungen und Philosophien ist von zwei Welten – einer irdischen und himmlischen, menschlichen und göttlichen, realen und idealen – die Rede, die nebeneinander koexistieren. Es wird seit Jahrtausenden gelehrt, dass das menschliche Leben darin besteht, sich zwischen diesen beiden Welten zu positionieren und in den eigenen Taten das Bestmögliche erscheinen zu lassen. Bei allem redlichen Bemühen darf aber nicht übersehen werden, dass es nie möglich sein wird, die idealen Vorstellungen unter den irdischen Verhältnissen in Gänze umzusetzen. Trotzdem sind und bleiben die inneren Werte und die zu ihnen gehörige Welt eine wirksame Realität.

In sieben Hüllen II

In den Sagen, Mythen und Legenden aller Völker und Kulturen ist immer wieder die Rede von besonderen Gewändern, die markante Persönlichkeiten in bestimmten Augenblicken ihres Lebens tragen. Es sind königliche oder liturgische Gewänder, die Livree der Dienerschaft, vielleicht auch die Sträflingskleidung oder das letzte Hemd, die seine Träger:innen aus der Gemeinschaft aller anderen Menschen erkennbar herausheben.

Die Haudenosaunee sprachen diesbezüglich von einer sieben Spannen dicken Haut und bezeichneten damit vermutlich im übertragenen Sinne ebenfalls eine Gewandung, die von den Hoyaneh getragen wird. Kulturgeschichtlich kommt der Haut in den indigenen Völkern eine wichtige Bedeutung zu. Einerseits wurde Kleidung aus der Haut der Tiere gefertigt, andererseits wurde eben diese tierische Haut oder die Haut der Menschen mit Kriegsbemalungen oder Tattoos sogar auch beschriftet und so zum Träger besonderer Botschaften gemacht.

Die von einer sieben Spannen dicken Haut umgebenen Menschen können allegorisch als Personen verstanden werden, die, ihrer Gewandung würdig, über weiter reichende Einsichten und Weisheiten verfügen. Darum werden sie als Hoyaneh bezeichnet und in den konföderierten Rat entsandt. Was früher nur wenigen Auserwählten vorbehalten war, kann heutzutage von jedem Menschen erreicht werden: *Der Mensch wird weise und wegweisend.*

Holistisch empfunden wissen wir, dass wir mit allem verbunden sind. Das unterscheidet das Erleben einer Umwelt von dem einer Mitwelt. Geht man von der heutzutage vorherrschenden Lebensart aus, ist es ziemlich ungewöhnlich, sich mit den Naturreichen und -wesen verbunden zu fühlen. Zu groß ist der Abstand zu ihnen schon geworden, angesichts der Tatsache, dass wir uns zu einer auf Erden alles bestimmenden Spezies entwickelt haben. Aus Urwäldern haben wir unsere Kulturlandschaften gemacht, Tiere domestiziert und ein ziemliches Geschick darin entwickelt, natürliche Ressourcen für unseren Konsum zu erschließen. So haben wir uns aus dem Zusammenhang mit der Natur separiert und die ganze Welt de facto zu einem einzigen Gegenstand gemacht. Aus diesem Irrtum, vor dem unsere Vorfahren noch gefeit waren, müssen wir uns erst wieder befreien.

Das holistische Welterleben bezieht sich streng genommen aber nicht nur auf alle Naturreiche und nicht menschlichen Wesen, sondern auch auf alle Wesen menschlicher Art. Wenn wir mit allem verbunden sind, dann ganz sicher auch mit unseren Mitmenschen – und zwar mit allen, ob sie uns nun gefallen oder nicht. Sich das vorzustellen, fällt leicht, wenn wir an geliebte Menschen denken. Aber wie verhält es sich mit denjenigen, die wir nicht mögen, deren Überzeugungen und Lebensweisen wir nicht teilen?

Die Verbundenheit mit der Natur empfinden zu können, ist eine Herausforderung. Alle anderen Menschen im wahrsten Sinne des Wortes als „Mit-menschen" zu erleben, geht darüber noch hinaus. Seinen Grund hat das darin, dass sie uns mit dem Dreh- und Angelpunkt des Menschseins konfrontieren, nämlich mit dem, was jeder von ihnen in Freiheit aus dem Leben macht. Jedem ist es schließlich gegeben, aufgrund eigener Wünsche und Ziele zu handeln. Wo jede Sonnenblume stets nur Sonnenblume, jede Kuh stets nur Kuh ist und immer bleiben wird, sind die einen Menschen Bauingenieur oder Ärztin, Gläubige oder Atheisten, Samariter oder Gewohnheitsverbrecher, oder was auch immer. Den Zusammenklang aller möglichen Variationen des Menschseins wahrnehmen und empfinden zu können, bedarf eines ziemlich ausgeprägten, starken Gemüts.

Es ist darum nicht erstaunlich, dass die Eigenschaften eines Hoyaneh nicht Reichtum, körperliche Kraft, Wissen oder günstige Abstammungsverhältnisse sind, sondern eine verständnisvolle, in sich ruhende Grundhaltung, die nur schwer zu erschüttern ist. Einem jeden Mitmenschen kann darum Respekt entgegengebracht werden, und allen Variationen des Menschseins wird mit Gleichmut begegnet. Das eigene Interesse findet sich mit dem Interesse der ganzen Menschheit vereint.

Zum Nachdenken und Üben:

13. Die Ebene des typisch Menschlichen

Alle Naturwesen teilen sich unsere Mutterplanetin als gemeinsamen Lebensraum, und sie sind alle aus dem gleichen Stoff geworden, den wir mit dem Sammelbegriff „Erde" bezeichnen. Trotz dieser Gemeinsamkeit ist die große Vielfalt der Lebensformen zutiefst erstaunlich. Unterschiedliche Bedingungen und Entwicklungsgeschichten führen dazu, dass viele Variationen entstanden, die wir ebenfalls als solche erkennen und zur besseren Übersicht in Gruppen ordnen können.

Angesichts der ganzen Vielfalt ist es zunächst auch nicht schwer, einen Menschen als Menschen zu erkennen. Die äußerlichen Merkmale sind ebenso eindeutig wie bei jedem anderen Lebewesen auch. Hinzu kommen bei genauerer Betrachtung aber noch manche Merkmale, die schließlich für jeden Menschen ganz charakteristisch und individuell sind. Das sind solche Eigenschaften, Fähigkeiten, Charakterzüge usw., die darauf beruhen, dass und wie ein Mensch sein Leben frei und von den äußeren Bedingungen weitgehend unabhängig ergriffen und gestaltet hat.

Stellt man sich neben den äußeren Eigenschaften diese Ebene des typisch Menschlichen vor, potenzieren sich die möglichen Variationen ins nahezu Unermessliche. Zugleich verstärkt sich der Eindruck von der Kraft und Bedeutung des freien Willens, der für jeden Menschen über alles hinausführen kann, was äußere Vorgaben und Bedingungen sind. Zwischen dem Umkreis der zahllosen Möglichkeiten und dem zentralen, individuellen Willen ereignet sich menschliches Leben, dass jedes Wesen dieser Art zu einem einzigartigen, unvergleichlich originellen Exemplar werden lässt. Ein solches Exemplar sind auch Sie: Sie sind unverkennbar Mensch, und zugleich ein einzigartiges Individuum!

Das Wissen um diese Tatsache kann zu einem Umgang miteinander führen, der wirklich menschlich genannt werden kann. Denn je mehr wir uns darüber klar werden, je genauer wir das überschauen und wissen, desto verständnis- und liebevoller werden wir einander begegnen. Darin genügt es allerdings nicht, nur die äußeren Bedingungen des Lebens zu hegen und zu pflegen. Es kommt hinzu, dass jedem mensch-

lichen Leben mit dem nötigen Respekt für jedwede individuelle Ausprägung des prinzipiell Möglichen begegnet wird.
Das drückt sich in manchem aus, was wir inzwischen als
globale menschheitliche Kultur entwickelt haben. Der grund-
sätzliche Schutz des Lebens, der Familie, des Eigentums, oder
die allgemeinen Menschenrechte sind ein Ausdruck davon.

14. Dem Schönen Raum geben

Nachrichten bewirken die Zunahme der Aufmerksamkeit für
bestimmte Ereignisse und Sachverhalte. Darin besteht der
Sinn des Journalismus. Beiträge in den verschiedenen Medien
können verhindern, dass etwas verschwiegen, übersehen
oder vergessen wird. Aber sie bewirken auch, dass sich die
Wahrnehmung der Menschen entsprechend fokussiert. Es
wird viel von Katastrophen, Armut, Hungersnöten, Kriegen
oder über alle möglichen Formen menschlichen Versagens
berichtet, was für sich genommen durchaus sinnvoll ist, weil
es zu Vorsicht und Nächstenliebe animiert. Sehr viel weniger
finden sich in den Medien Erfolgsgeschichten und Berichte
vom tagtäglichen Gelingen des Guten. Weil das so ist, neigen
wir Menschen dazu, sehr schnell Hässliches zu bemerken
und Schönes zu übersehen.

Da jede Wahrnehmung de facto ein innerer Prozess ist, in
dem eine Vorstellung mit einer in der äußeren Welt gemachten Erfahrung verbunden wird, ist es bedeutend, aus welchem Reservoir an Vorstellungen wir schöpfen. Menschen,
die sich viel mit dem Negativen beschäftigen – entweder weil
sie viele derartige Informationen aufgenommen haben oder
weil sie sich selbst gerade in einer schwierigen Lebenslage
befinden – werden es nicht leicht haben, das Schöne in ihrer
Umgebung zu bemerken. Die Seele ist mit zu viel Negativem

beschäftigt und darum für das Positive zu wenig empfänglich.

Dieser Tatbestand kann dazu veranlassen, im eigenen Leben ganz bewusst und proaktiv dem Schönen mehr Raum zu geben. Das bedeutet nicht, dass man sich von den Tatsachen des Alltags abwendet, sondern dass man ihnen etwas hinzufügt, was nährend und stärkend ist. Ein ganz einfaches Beispiel dafür ist die gemütliche, einladende Gestaltung der eigenen Wohn- und Arbeitsumgebung. Aber auch für das Innere kann entsprechendes getan werden, indem man sich immer wieder ganz bewusst mit demjenigen beschäftigt, was liebenswert und gut ist.

Versuchen Sie mal, in der jeweiligen Umgebung bewusst das Schöne zu sehen, während Sie an der Bushaltestelle warten, im Supermarkt an der Kasse stehen oder sonst wo Ihrem ganz alltäglichen Leben nachgehen. Lauschen Sie ein paar Tage lang regelmäßig dem Gesang der Vögel oder schauen Sie sich die Blätter an den Bäumen an. Schon nach ein paar Wochen werden Sie bemerken, wie solche, regelmäßig vollzogenen Übungen stärken und den schwierigen, widrigen Ereignissen des Lebens gegenüber beruhigen. Ihr Verhältnis zu den Mitmenschen wird sich ebenfalls verändern, denn auch an ihnen wird erlebbar, was dem Schönen und Liebenswerten angehört, auch wenn anderes dem zuweilen widerspricht.

Ich habe Ihnen nun vierzehn Vorschläge zum Nachdenken und Üben gemacht. Es ist natürlich nicht möglich, das alles gleichzeitig zur Anwendung zu bringen. Vielmehr geht es darum, immer mal wieder das eine oder andere auszuprobieren und zu wiederholen. Dadurch entwickelt sich für den entscheidenden Augenblick das nötige Geschick. Was bedacht und geübt wurde, wird sich im alltäglichen Leben wie von selbst entfalten. Davon soll nun noch etwas die Rede sein.

Epilog

Ob eine Entscheidung wichtig ist oder nicht, ergibt sich im Blick auf die – mutmaßlichen oder tatsächlich ausgelösten – Folgen. Je gravierender die mit einer Entscheidung verbundenen Ereignisse sind, desto wichtiger ist sie. Damit das ermessen werden kann, ist ein möglichst genaues Bild der jeweiligen, entscheidenden Lage nötig. Ohne die genaue Kenntnis der Bedingungen und Sachverhalte wird man über die Bedeutung einer Entscheidung nicht wirklich befinden können.

Dass es gut und hilfreich ist, besonnen zu handeln, ist eine Binsenweisheit. Ebenso, dass man unter Umständen etwas aus einer gewissen Entfernung umso besser erkennt. Diese Entfernung, der innere Abstand, wird aufgrund von Besonnenheit möglich. Sie haben es bestimmt nicht nur einmal erlebt, dass ein guter Freund gerade darum gut raten kann, weil er mit den infrage stehenden Verhältnissen nicht so eng verbunden ist wie Sie. Er rät aus wohltuender Distanz. Der gleiche Effekt tritt ein, wenn man etwas innerlich zunächst loslässt, einen Spaziergang oder was auch immer macht, um den Kopf frei zu bekommen. Wenn das gelingt, sieht man sich selbst wie der gute Freund, nämlich aus wohltuender Distanz. Auch die Gewohnheit, vor einer wichtigen Entscheidung mindestens eine Nacht vergehen zu lassen, führt in diese Richtung. Das zu enge Verhältnis zu einer Aufgabe oder zu einem Problem löst sich. Der Blick wird freier und die Entscheidung kann leichter mehr als die persönlichen Befindlichkeiten und Interessen berücksichtigen.

Das Sieben-Generationen-Gewahrsein regt dazu an, diesen selbstverständlichen Vorgang des Innehaltens und Nachdenkens ganz bewusst herbeizuführen. Und wenn es dann darum geht, sich sieben Generationen bewusst zu werden, kommt etwas zum tragen, was Sie wahrscheinlich ebenfalls gut kennen und schon häufiger angewendet haben: man spielt durch, welche Folgen die eigene Entscheidung für andere hat und umgekehrt. Dieses Durchspielen ist im Sinne der Haudenosaunee keineswegs nur ein oberflächlicher Prozess, sondern ein innerer Vorgang der Kontemplation, der mit einer hochwirksamen Lebenssphäre (der Orenda) verbindet. Damit, wie ein solches Durchspielen gestaltet werden kann, haben wir uns auf den vorangegangenen Seiten dieses Buches befasst. Die gegebenen Anregungen lassen sich in ausgesparten Zeiträumen als Übung umsetzen, um hernach mitten im Alltag ein in diesem Sinne bewusstes Entscheiden und Handeln zu inspirieren.

Mit einer jeden Entscheidung wird die Welt eine andere. Es kommt dabei letztlich gar nicht darauf an, ob es sich um Neben- oder Hauptsächliches handelt. In der japanischen Kultur beispielsweise gibt es die Teezeremonie, in der jener simplen Handlung des Teetrinkens große Bedeutung zugemessen wird. Für eine bestimmte Zeitspanne ist sie das wichtigste der Welt. Im Sinne des Zen wird dadurch eine Konzentration und Wertschätzung geübt, die für das ganze alltägliche Leben von Bedeutung ist.

In den heutigen Lebensverhältnissen liegt es nicht unbedingt nahe, etwas mit jener Ruhe und Aufmerksamkeit zu tun, mit der die Japaner die Teezeremonie vollbringen. Was und warum zu geschehen hat, ist demgegenüber in unserem Alltag so eindeutig vorgegeben, dass die Handelnden nur einfach ihren Job erledigen müssen, damit alles funktioniert. Dabei bleibt allerdings manches, dem Leben dienliche auf der Strecke. Ganz anders verhielte es sich, wenn mehr danach gefragt würde, was tatsächlich gewollt ist und bewirkt werden soll. Dieser Frageansatz nimmt vielmehr in den Blick als nur die Außenseite eines Sachverhalts. Es leitet zu einem Bild der Zukunft. Um ein solches Bild der Zukunft, und sei es zunächst noch so unvollkommen und zart, geht es. Zum Samen einer Pflanze gehört ein solches Bild ihrer ausgewachsenen Gestalt, zum Kind das Bild des einst erwachsenen Menschen oder zum Acker das Bild des reifen Getreide als Ausdruck ihres Wesens. So ein Bild der Zukunft kann im Bewusstsein eines Menschen erscheinen, wenn er sich dafür öffnet. Je besser das gelingt, und je mehr ein solches Bild – von persönlichen Interessen befreit – für sich genommen wirken kann, desto klarer wird, wie die idealen Bedingungen für Wachstum und Entwicklung bereitet werden können. *Kein Mensch kann eine Pflanze wachsen lassen, ein Kind zum Erwachsenen machen oder Getreide reifen lassen, aber er kann sehr wohl mit seiner Einsicht und seinen Taten dazu beitragen, dass sich Wachstum und Entwicklung ereignen – nicht mehr, aber auch nicht weniger ist Kern und Sinn des menschlichen Handelns.*

Das Bereiten der Bedingungen, also die freilassende Zuwendung, ist übrigens immer ein Vorschuss (das aus der lateinischen Sprache dafür abgeleitete Wort ist „Kredit" und bedeutet: „glauben, vertrauen"), der etwas ermöglicht. Wir gießen die Pflanzen schließlich nicht weil sie gewachsen sind, sondern damit sie wachsen. Bedenken Sie im Hinblick darauf jetzt mal, wie absurd und widernatürlich unsere vorherrschende Art der Entlohnung ist, mit der eine Leistung immer erst im Nachhinein vergütet wird.

Zum einen ist der Mensch also dazu in der Lage, sich Zukunft vorzustellen, zum anderen kann er das so tun, dass die

Zusammenhänge einer einzelnen Tatsache mit dem großen Ganzen berücksichtigt werden. Allerdings geschieht weder das eine noch das andere von selbst. Man muss es wollen. Aus sich selbst heraus wird der Mensch – das lehren viele Beispiele – nur kurzfristig aufgrund der eigenen Interessen und Bedürfnisse handeln. Der Hungernde wird Nahrung suchen und verzehren. Darin unterscheidet sich der Mensch noch nicht vom Tier. Typisch menschlich wird es, wenn die Bedürfnisse künftiger Generationen im Zusammenhang mit den Folgen des eigenen, gegenwärtigen Handelns bedacht werden. Wenn wir uns einen Moment lang die Natur als ein konkretes Wesen vorstellen, das sich zu allem Lebendigen verhält wie wir selbst uns zu unserem Leib, dann würde ein solches Wesen tatsächlich immer darauf bedacht sein, dass gegenwärtig stets nur für die Zukunft sinnvolles geschieht. Die entscheidende Kraft würde darin bestehen, ein jedes Einzelereignis mit dem Wohl des Ganzen zu verbinden. Genauso funktioniert Natur tatsächlich, und mit dem Sieben-Generationen-Gewahrsein können wir unser Handeln mit diesem Wirkprinzip – also der Orenda – so gut es irgend geht verbinden.

Der Autor

Peter Krause ist freier Journalist und Schriftsteller (Themenschwerpunkte sind die Medizin, die Ökonomie und das Schreiben von Biografien). Er ist Autor zahlreicher Sachbücher und autorisierter Biograf von Declan und Margrit Kennedy sowie von Bernard Lietaer. Neben den beruflichen Interessen an ökologisch sinnvollen Wirtschafts- und Geldformen interessiert er sich besonders für Formen sinnerfüllten Naturerlebens. Beides – eine vernünftige Ökonomie und die mitweltliche Ökologie – gehören für ihn zusammen. Peter Krause lebt in Herdecke und Moser River (Kanada).

Zum gleichen Thema ist vom Autor im Neue Erde Verlag erschienen: »Sieben Generationen – Eine alte indigene Weisheit für die Welt von heute und morgen«

Homepage: aktiv-zukunft-leben.de